如何写作规范的论文（原书第9版）

基于 APA 格式的指导手册

WRITING PAPERS IN PSYCHOLOGY

［美］拉尔夫·罗斯诺（Ralph Rosnow）

［美］米米·罗斯诺（Mimi Rosnow）　著

刘　文　译

重庆大学出版社

译者前言

《如何写作规范的论文》是一本教大学生如何规范写作学术论文（包括综述型论文和实证型论文）的书。

科技论文的写作规范从本科阶段就应该开始学习，养成好的写作习惯，学生能够直接步入正轨，才能获得事半功倍的效果，甚至可以为后续的研究生学习和公开发表论文奠定坚实的基础。

在本书的翻译过程中，我回想自己的大学生活，感慨良多——如果当初我也能读到此类书该有多么幸运啊！

尽管我在大学里从事教学工作已经二十多年了，公开发表的论文也有了几十篇，然而在起步阶段却不知道如何规范地写作论文，走了不少弯路，摸索了很长时间。1994年，我到美国迈阿密大学做访问学者时，发现那里的本科生作业论文必须严格按照老师规定的格式（而这个格式就源于《APA手册》），同时学生们还有专门的心理学论文写作指导书。这令我羡慕不已。当时我就想，如果国内心理学专业的学生也有这样的指导书就好了。

本书参考第5版《美国心理学协会出版手册》（业内常简

称为"APA手册")[1]，为研究论文的写作提供了详尽的指导说明。全书共有9章内容，从如何着手选题讲到最后完稿，并附有两篇范文，可谓具体、完整、明确。既可以作为教材，也可以当作参考书使用。

本书的操作性非常强，它从学生的心理特点出发，好像一位耐心细致的老师在指导学生写作，不仅帮助学生选题、查找资料、有计划地写作、修改、定稿，还告诉学生各种有用的小技巧，适合心理学与教育学等相关专业的本科生、研究生以及教师使用。

这本书十分强调写作的规范性，在每一章节都要求学生按照《APA手册》的格式来写作，包括标题、字体、统计符号、程序、参考文献，甚至罗列出了容易打错的字。虽然是关于英文的写作方法，但是对学生的中文写作的规范性同样具有启发性和指导性。

这本书也可以为那些本科非心理学专业的心理学和教育学的研究生提供重要的帮助。因为本书不仅用通俗易懂的语言描述了心理学论文写作的过程，而且提供了两篇范文，详细说明了综述型和实证型两种不同类型论文的写作方法。

这本书还可以指导教师和学生在国外期刊发表论文，以及参加研讨会发布张贴海报。我曾经多次参加国际心理学学术会议，发现我国有不少研究成果很有价值，却由于作者语言表达和论文格式不符合要求而无缘在国际学术会议上展示和交流。这本书详细地介绍了综述型论文与实证型论文每一部分的写法以及张贴海报的具体要求，条目罗列清晰，一目了然。

特别要说明的是，本书的范例乃是扫描英文版的原文制作而成，因此避免了打字、校稿及排版的错误，读者可以安心地参照阅读。同时，范例还提供了中文译本，更加方便读者学习。

1　本手册中文版由重庆大学出版社出版，书名为《APA格式：国际社会科学学术写作规范手册》。在本书正文中，该书均简称为《APA手册》。

授之以鱼不如授之以渔，这是我译完此书的最大感受。学生学会了写作，就养成了良好的学习习惯，可以减少或避免抄袭、剽窃等不良行为的发生；学生学会了写作，就培养了严谨规范的科研作风，可以为攀登科研高峰奠定坚实的基础。这也是我作为教师最希望学生学到的！

此书出版，首先要感谢黄希庭教授对心理学研究方法的重视，以及对翻译工作的积极倡导。感谢苏彦捷教授精心组织这套丛书的翻译工作。感谢重庆大学出版社林佳木等编辑的认真工作。此外，还要感谢我的博士生和硕士生：张珊珊、李沿颖、安玲、高珊、邓锐，他们参与了术语查找、校对和排版等工作，并与我一起讨论，给了我不少启发和帮助。本书由我和正在美国田纳西大学学习的博士研究生夏明珠共同审校，她曾经是我的硕士研究生，现在成为了我的好朋友，审校此书占用了她今年整个暑假。合作此书，也延伸了我们的师生情谊。最后全书由我统稿和定稿。虽已尽力，但书中内容定有错漏之处，恳请读者予以批评指正！

刘　文

2009 年国庆节于大连万客园 *

---

* 这是刘文老师在翻译第 8 版时写下的前言，第 9 版仍由她翻译，这篇前言仍然合适，所以沿用。——编者注

写给使用者的序言 |

　　本书旨在为需要进行论文写作的心理学专业学生撰写实证型论文和综述型论文提供指导，包括如何构思文章结构，如何处理文中的引例、参考文献，以及标题、提纲和图表。在撰写论文时，学生们都需要按照《APA 格式：国际社会科学学术写作规范手册》（*Publication Manual of the American Psychological Association*）（下文简称《APA 手册》）所建议的格式进行撰写，包括撰写实证型论文和综述型论文。论文的写作格式通常参考 APA 格式，但具体的格式细节却有所不同。如果你能够理解犹太教和犹太教规的不同，那么你就能明白我的意思。对那些需要向遵循 APA 格式的期刊投稿的作者而言，《APA 手册》中所规定的 APA 格式条款是作为一个指南性的规则被要求的。然而，尚有一些优秀的杂志（如《心理科学学会杂志（APS）》），虽然在参考文献部分遵循的是 APA 格式，但是并没有在所有地方使用百分之百严格的APA 格式。在这本书中我们根据《APA 手册》内容而提出的"APA 式"的写作，在大部分情况下是学生为了满足所学课程的要求而进行的相关论文的写作。也就是说，他们的论文是交给自己的老师的，而不是"APA式"期刊的编辑。

从我们获知的反馈来看，这些反馈与我们在教授心理学研究方法和其他心理学科目时所感受的一致，论文的写作标准并不像那些需要及时完成多项课程作业的学生所认为的那样难以达到，同时统一论文写作标准也有利于教师阅读并评价学生的工作。但我们也建议不必僵化地死抠APA格式，毕竟这个标准的目的在于理顺文章的写作过程，使学生不会陷入一些与其无关或结构复杂的写作规则之中。然而有一个例外，学生论文的标题必须严格遵循APA格式，我们可以在附录A和B（在本书的末尾）看到相应的案例。论文标题页的具体格式在《APA手册》中有相似的模板可供参考，但具体内容却有所不同。向期刊投稿的论文在标题页上需提供一些编辑认为重要的信息，但递交给老师的实证型论文则需要一些不同的信息。例如案例中的"作者声明"部分，这个部分让学生得以阐述其在研究工作中所承担的责任。

向APA期刊投递的稿件在格式上也需和电子稿件一样严格地遵循APA格式，这样做的目的是有利于文字的编辑、打印及出版。然而，学生提交给老师的实证型论文与综述型论文是学生的习作，像《APA手册》格式要求的"页眉标题（running head）"出现在标题页，这可能在某种程度上只是一种很有用的练习，页眉标题对老师来说可能没有多大的意义。

那些有关研究方法的课程参考书，倾向于让学生在实证型论文的附录部分提供被试的原始得分，如果可能的话，还需要有一个比文章正文的研究结果部分更为详细的有关数据分析的阐述。但并不是所有教师均要求这样的附录，有些教师则倾向于让上述信息附在电子文件或打印好的副本中。让学生提供这些信息的目的是让教师有机会检查学生实证型论文研究结果的准确性。这本书所倡导的"APA 原则"之一就是"可能你所报告数据的准确性会受到质疑，研究者应当让编辑在审稿过程中随时可以获得数据"。同时这本书的另一个目的就是让学生在写作的过程中熟悉科学研究中的伦理与道德责任。

在本书中，我们还会提供一系列有关如何进行数据报告与讨论的参考书。其中一本是由美国国家科学院（National Academy of Science，NAS）最近出版并可在其网站上免费下载，名为《成为一个科学家：有关研究责任的建议》（*Being a Scientist: A Guide to Responsible Conduct in Research*）。那些准备继续学习心理学或转入其他科学领域的学生可能会对这本书感兴趣。教授研究与统计方法的教师可以在由蒙莫斯大学（Monmouth University）的加里·莱万多夫斯基（Gary Lewandowski）教授、纳塔莉·赛阿乌克（Natalie Ciarocco）和大卫·斯特麦茨（David Strohmetz）教授共同建立的网站上找到一些有用的资源。

熟悉本书先前版本的老师会发现第 9 版有了比较大的变化。比如在《APA 手册》中没有任何有关研究计划的建议，但我们则使用相应的案例来系统地给出研究计划的建议（详见第 3 章展示 11、展示 12）。在先前的版本中，我们以学生玛雅（Maya）的做法为例来学习文献的收集检索过程。我们让这个案例贯穿全书，并且在第 2 章中建议学生在电脑上重复玛雅寻找和检索相关资源的过程，以此作为一个有指导性的系统练习。我们也把如何按照 APA 格式的要求引用参考文献和原始材料的内容调整到前面的章节中（第 3 章），这样做的目的是让学生随着阅读的深入而熟悉这些规则。在第 6 章中，我们认为当报告统计数据时，不仅要做好"如何报告"和"报告什么"，还要遵循相应的伦理与道德要求。

在这个版本中，我们替换或增加了一些新的展示图表。比如在讨论如何张贴宣传海报的部分（第 9 章），我们增加了一些海报排版的样例（展示20、展示21），重新订正了 APA、APS 和 AAAS 的海报设计标准（展示19），并在展示22中增加了一些案例，用以说明展示21所示的海报是如何修改其内容分布结构的。

　　本版还有一些其他方面的改善——所有的章节均再次校订，使全书结构更为紧凑，重点更为集中，读者阅读体验更为良好。

致 谢 |

附录 A 和 B 中的例文是由两份手稿改编而成，这两份手稿是由两位非常优秀的心理学教师安妮 A. 斯克兰德（Anne A. Skleder）[现担任卡布里尼学院（Cabrini College）的教务长] 和布鲁斯·林德（Bruce Rind）[在天普大学（Temple University）教授统计学和其他课程多年] 撰写。感谢他们允许我们在本书的不同版次中使用、修改他们的手稿。同时，特别感谢布鲁斯给我们提供原始数据（附录 A），他的慷慨分享使我们对数据能够进行更深一步的分析。在本书多个版次中提到的玛雅有关文献检索的经验（第 2 章）始于玛雅的父亲——埃里克·K. 福斯特（Eric K. Foster），他曾以玛雅之名撰写了一篇综述，玛雅和她的父母 [埃里克和苏伯亥（Shobhi）] 同意我们使用这篇文章，于是我们就像俗话说的那样——"从玛雅的肩膀上向前看"。感谢沃兹沃思 / 圣智出版社（Wadsworth/Cengage）的编辑蒂姆·麦特瑞（Tim Matray），他的热情与能力给予我们很大的帮助，同时也感谢蒂姆的助手劳伦·穆迪（Lauren Moody），她让整部书的各项工作变得更为容易。在此，我们再次感谢玛格丽特·里奇（Margaret Ritchie）自本书第 3 版开始，为本书的编辑、排版工作所做出的努力。

我们还想列出一些专家的名字以表谢意，他们在本书的若干版次中提出了宝贵的意见和建议。他们是：

约翰·B. 贝斯特（东伊利诺伊大学）　John B. Best（Eastern Illinois University）

托马斯·布朗（雪城大学尤蒂卡学院）　Thomas Brown（Utica College of Syracuse University）

大卫·E. 坎贝尔（洪堡州立大学）　David E. Campbell（Humboldt State University）

斯科特·D. 丘吉尔（达拉斯大学）　Scott D. Churchill（University of Dallas）

斯坦利·科恩（西弗吉尼亚大学）　Stanley Cohen（West Virginia University）

彼得·B. 克莱布（宾夕法尼亚大学艾宾顿分校）　Peter B. Crabb（Pennsylvania State University-Abington）

尼古拉斯·迪方佐（罗彻斯特理工学院）　Nicholas DiFonzo（Rochester Institute of Technology）

南希·埃尔德雷德（圣何塞州立大学）　Nancy Eldred（San Jose State University）

肯尼斯·艾略特（缅因大学奥古斯塔分校）　Kenneth Elliott（University of Maine at Augusta）

罗伯特·高伦（乔治敦大学）　Robert Gallen（Georgetown College）

大卫·木德斯坦（杜克大学）　David Goldstein（Duke University）

约翰·霍尔（德州卫斯理大学）　John Hall（Texas Wesleyan University）

艾伦·J. 基梅尔（巴黎高等商业专科，法国）　Allan J. Kimmel（Groupe École Supérieure de Commerce de Paris, France）

劳拉·莱文（中央康涅狄格州立　Laura Levine（Central Connecticut

大学）

State University）

阿琳·伦德奎斯特（尤宁山学院）

Arlene Lundquist（Mount Union College）

乔安·蒙特佩尔（塔夫斯大学）

Joann Montepare（Tufts University）

小昆汀·纽豪斯（鲍伊州立大学）

Quentin Newhouse，Jr.（Bowie State University）

本·纽柯克（格罗蒙斯特学院）

Ben Newkirk（Grossmont College）

亚瑟·诺恩曼（埃斯伯利学院）

Arthur Nonneman（Asbury College）

埃德加·奥尼尔（杜兰大学）

Edgar O'Neal（Tulane University）

里克·波拉克（莫瑞麦克学院）

Rick Pollack（Merrimack College）

莫林·鲍尔斯（范德堡大学）

Maureen Powers（Vanderbilt University）

罗伯特·罗森塔尔（加州大学滨河分校）

Robert Rosenthal（University of California at Riverside）

戈登·W.罗素（莱斯布里奇大学，加拿大）

Gordon W. Russell（University of Lethbridge，Canda）

霍利·M.希夫林（玛丽华盛顿大学）

Holly M. Schiffrin（University of Mary Washington）

海伦·休梅克（加州州立大学海沃德分校）

Helen Shoemaker（California State University at Hayward）

约翰·斯帕罗（纽约州立大学杰纳苏分校）

John Sparrow（State Universtiy of New York at Geneseo）

克劳迪娅·斯坦尼（西弗罗里达大学）

Claudia Stanny（University of West Florida）

大卫·B.斯特麦茨（蒙莫斯大学）

David B. Strohmetz（Monmouth University）

琳达·M.苏比克（阿克伦大学）

Linda M. Subich（University of Akron）

斯蒂芬·A.特恩（温斯顿-塞勒姆州立大学）

Stephen A. Truhon（Winston-Salem State University）

洛里·凡·瓦伦达尔（北卡罗来纳大学）

Lori Van Wallendael（University of North Carolina）

　　最后，感谢那些使用了本书并提出意见和建议，使我们能在新的版本中进行修正的读者们。非常感谢你们的支持，并希望你们能够继续提出宝贵的意见和建议，以便我们进一步改善本书的内容。

拉尔夫和米米·罗斯诺

（Ralph and Mimi Rosnow）

目录

1

如何开始

为了完成课程要求而写论文意味着要知道你的老师的期望，然后制订计划按时完成你的任务。无论你是在写一篇实证型论文还是综述型论文，这一章将帮助你开始写作。同时这一章还给出一些简单的要求和禁忌，从而帮助你避开陷阱，并确保你以最高的水平准时完成作业。

1.1 从哪里开始

从前有一个传奇人物，名叫乔·古尔德（Joe Gould），1911 年他从哈佛大学毕业，做了大量无意义的事情，后来去了纽约市并开始在格林威治的乡村咖啡厅转悠。他告诉人们他已经掌握了海鸥的语言——事实上是做了一个怪诞的模仿——进而宣称要将文学作品译成"海鸥语"。他由于野心勃勃地声称编译一个叫做"我们时代的口述历史"（Oral History of Our Times）的项目而闻名。他夸耀自己已经积累了一堆高达7 英尺的笔记，并且总是携带着装有研究记录的棕色纸袋。乔·古尔德在精神病医院去世时仍在模仿海鸥。几年之后，约瑟夫·米切尔（Joseph Mitchell）在为《纽约》（New Yorker）杂志写的一篇传略中，揭露了乔·古尔德从来没有开始过他的"口述时代"，他的笔记是一个谎言，而且他的棕色纸袋里只有一些袋子和泛黄的剪报。

对于要完成写作作业的学生而言，乔·古尔德可能代表了所有项目中最有挑战性的一面：如何开始？

对学生来说，首先要做的是熟悉这本书的内容。展示 1 的流程图指出了你可以根据自己的需要参考特定的章节和选项。本书目录显示了特定部分各在哪一章节。全书通篇都有一些范例和样本。第 3 章包括两个研究计划的范例，一个是有关综述型文章的（展示 11），另一个是有关实证型论文的（展示 12）。这本书的最后部分有两个附录。附录 A 呈现了一份最终稿的实证型论文 ［简·多伊（Jane Doe）的实证型论

展示 1　引导论文写作的流程图

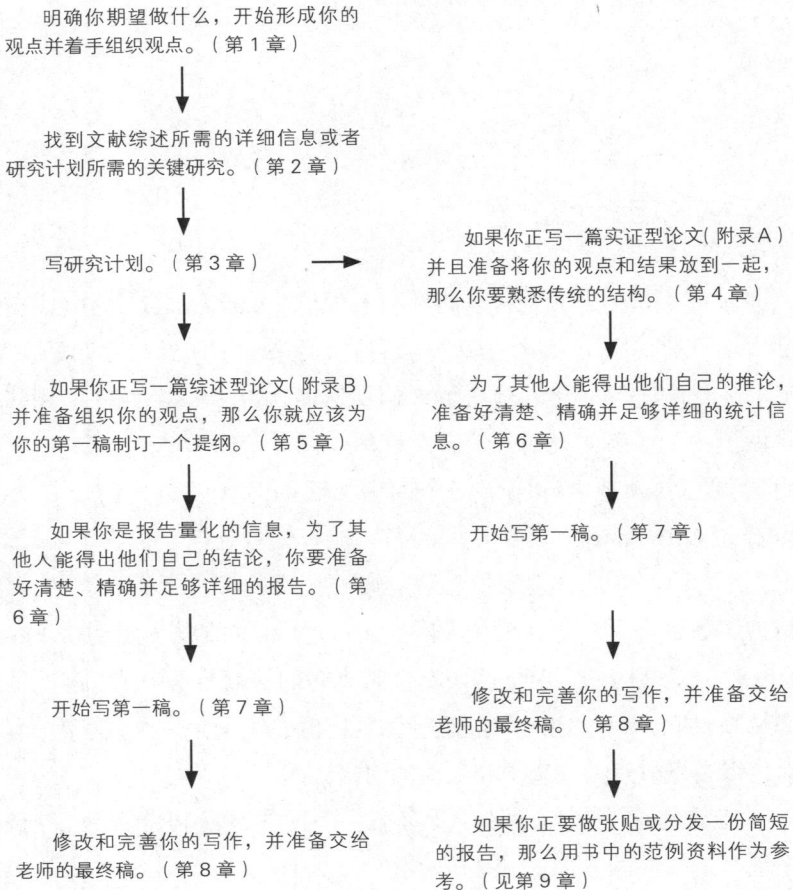

明确你期望做什么，开始形成你的观点并着手组织观点。（第 1 章）

↓

找到文献综述所需的详细信息或者研究计划所需的关键研究。（第 2 章）

↓

写研究计划。（第 3 章）　　→　　如果你正写一篇实证型论文（附录 A）并且准备将你的观点和结果放到一起，那么你要熟悉传统的结构。（第 4 章）

↓　　　　　　　　　　　　　　　　↓

如果你正写一篇综述型论文（附录 B）并准备组织你的观点，那么你就应该为你的第一稿制订一个提纲。（第 5 章）　　为了其他人能得出他们自己的推论，准备好清楚、精确并足够详细的统计信息。（第 6 章）

↓　　　　　　　　　　　　　　　　↓

如果你是报告量化的信息，为了其他人能得出他们自己的结论，你要准备好清楚、精确并足够详细的报告。（第 6 章）　　开始写第一稿。（第 7 章）

↓　　　　　　　　　　　　　　　　↓

开始写第一稿。（第 7 章）　　修改和完善你的写作，并准备交给老师的最终稿。（第 8 章）

↓　　　　　　　　　　　　　　　　↓

修改和完善你的写作，并准备交给老师的最终稿。（第 8 章）　　如果你正要做张贴或分发一份简短的报告，那么用书中的范例资料作为参考。（见第 9 章）

文〕，附录 B 是一份最终稿的综述型论文〔约翰·史密斯（John Smith）的综述型论文〕。在第 9 章中，我们提供了海报排版模板（展示 20 和展示 21），海报摘要示例（展示 22）以及双面打印一页式分发稿的范例（展示 23）。

虽然在附录 A 和附录 B 的论文范例中示范的东西并非所有学生写论文时都需要，但是一般学生所需要的内容都会在这本书中某个地方加以说明。如果你的作业是写一篇对单个实证研究的评论，那么你的论文就没必要像附录 B 中约翰·史密斯的综述型论文那么长或详细。对单一实证研究的评论最终稿只有 3~5 页长。如果你的作业是写一篇实验心理学课上的实验报告，你的报告也不必像附录 A 中简·多伊的实证型论文那么长。但即使你的写作任务与约翰或简的不一样，也务必仔细阅读他们两个的论文，因为本书通篇都引用了这两篇论文做例子。阅读他们的论文，你可能从中获得一些灵感。在本书中，有很多注解来指引你找到更多相关材料。比如 3.4.21 指的是第 3 章中 3.4 的粗体标题"**参考文献的目录**"中的斜体标题"*用卷号分页的百科全书*"这样一个例子。附录 A 和附录 B 中的图稿也展示了学生论文用"APA 格式"写作会是什么样子。

1.2 用 APA 格式写作

"基于 APA 格式"的意思是手稿统一的结构和格式要与《美国心理学协会写作手册》（在本书中称为《APA 手册》）所写的指导相一致。大学的心理学老师通常要求他们的学生在写作中使用 APA 格式，尽管它不是你在大学遇到的唯一写作格式。在英语、语言学和文学课程中，教师们常常要求他们的学生使用现代语言协会推荐的格式（称为 MLA 格式）写研究论文。这种背景下的研究论文与附录 A 中简·多伊的研究论文非常不同。在一门英语课中，你的论文是"对文献的研究"，而在心理学课程中，一篇研究论文意味着你要报告一个实证研究的结果。你也可能正为你的研究方案做一些文献研究，但是在这本书中这个过程被称为"查找和检索"。顺便一提，手稿的结构和格式不仅有 APA 格式和 MLA 格式两种，还有芝加哥大学格式、图拉比安格式（Turabian Style）、纽约时报格式及华尔街日报格式，等等[1]。

尽管我们说简·多伊和约翰·史密斯的论文最终是用 APA 格式写的，但也有一些地方偏离了《APA 手册》。我们将对这些偏差给出较多的说明，差别在于学生论文是最终手稿而不是投稿手稿。像在《APA 手册》中界定的一样，投稿手稿是专门为编辑、审稿人和排版人员准备的。一旦投稿手稿被录用，并且完成出版生产过程，它将被丢弃。学生为课程作业所写论文的最终手稿是给教师阅读的。尽管硕博士论文的读者不仅仅是学生的导师，但这种论文也被认为是最终手稿。还有一点，正如《APA 手册》告诫的那样，对一些学生写的原稿来说，形式可能是多种多样的，不同的研究机构有不同的要求。如果你正在写一篇硕士或博士学位论文，查询一下你们学校对格式的要求，并且让你的导师推荐几个案例，这些案例可以让你知道什么是高质量的论文。

有时在 APA 格式中引用原文是一件令人困惑的事情，因此我们尝试通过 3.4 中的展示 10 来告诉你如何理清思路。另外，有一些免费的网站，或许可以帮助你解答一些难以解决的问题。名为"APA 格式助手"（APA Style Help）的博客是专门用来帮助那些在使用《APA 手册》时遇到困难的人。这说明你并不是唯一一个在使用《APA 手册》时遇到了困难且自己无法解决的人。你也可以在埃布尔·斯克里布博士（Dr. Abel Scribe）的网站上找到一些引用信息的模板，从而学习怎样使用 APA 格式来引用参考文献。点击你需要的格式（心理学 APA 格式、社会学 ASA 格式、芝加哥格式、MLA 格式），然后跟着简单的指示操作即可。还有一些学院和大学有免费登录的 APA 格式网站。例如普渡大学的写作研究室网站，伊利洛斯州立大学厄巴纳-香槟分校的写作工作室网站上也可以找到相关的实用信息。

---

[1] 为了让你了解了除 APA 格式之外还有其他写作格式，我们在这本书中使用脚注标记引用的参考文献。在非 APA 格式的科技书籍中看到脚注是很平常的事情。作者利用脚注的方式避免加入很多插入语打断句子。当然，在样例论文中（附录 A 和附录 B）的引文和参考文献都是 APA 格式的。

1.3 教师的期待

要计划项目，你需要一些清晰的目标并明白教师对你的期待，这样可以帮助你避免陷入困境。例如，写课程论文的目的是什么？教师认为最终论文篇幅需要多长？你选择了题目或观点没有，或者教师布置了没有？是否需要过渡论文（如研究计划和进展报告）？如果需要，它们的篇幅需要多长？上交的时间是什么时候？最终论文应该什么时候上交？这个日期是否与你的其他任务（如考试和其他课程的论文）相冲突？你可以和其他同学谈论你们的想法，但是教师是真正对你有期待的人。在你打开电脑之前，去见见你的老师，告诉老师你对作业的理解，谈论一些有关题目的想法，询问一下你是否走在正确的道路上。

有个教师写信告诉我们他的许多学生不愿这样做，即使他们并没有找到研究题目。对那些已经开始写作的学生，即使最初没有想法，但如能从与教师的面谈中获益，至少会保证在原方向的基础上继续写作。拜访教师也可以使你避免成为教室中的默默无闻者。教师将会知道你是谁，并且知道你是一个积极的学生。如果你决定继续读研究生、去法学院或医学院深造，你就已经向未来你期待接近的那个人做了自我介绍并寻求到一份推荐信了。

1.4 关注你的目标

一旦你有了研究题目，那么就要从论文全局的角度来思考问题，因为这样可以使你的思路变得顺畅。理解心理学课程中实证型论文和综述型论文之间的差别，将有助于你关注特定的目标。实验室的研究报告和文献综述这两种文体之间是有很多不同之处的。不同的作者有不同的写作目的，《APA 手册》中也提到了一些其他的文体及格式。比如一些综述型文章跟文献综述很相似，但是它们更注重推动理论性的思考，而不是用于概括总结相关文献的框架，这一类论文在《APA 手册》中被称为理论性文章。附录 B 中约翰·史密斯的综述型论文不是一篇理论性文章，但是他提出了一个术语（"多元的"），以此将关于智力多样性"新趋势"的几种观点理论性地结合起来。在《APA 手册》中也提到了案例研究，例如在对临床个体案例研究的深度分析和种族研究中，对具有某些共享特质的群体的分析。在本文的讨论中，我们将关注像附录 A 中简·多伊的实证型论文和附录 B 中约翰·史密斯的综述型论文那样的两种类型。为了让你集中精力写作业论文，让我们从实证型论文和综述型论文之间的关键差异开始，展示 2 说明了两种文体的不同之处。

展示 2　实证型论文和综述型论文的差别

实证型论文	综述型论文
1. 基于你已经获得的数据；文献查找仅仅是寻找一些关键研究。	1. 基于广泛的文献查找；没有你自己需要解释的研究数据，除非需要统计和总结信息。
2. 结构要遵循第 4 章描述的传统形式。	2. 文章的结构由你决定，要切合你特定的题目，并建基于你准备好的提纲（见第 5 章中的描述）。
3. 足够详细地向别人报告你自己的研究成果和推论，从而使他们可以得出自己的推论。	3. 将你所阅读的文献，用你自己的观点进行综合，进而增加材料的一致性。

　　展示 2 表明这二者的区别是：文献查询构成综述型论文的核心，实证数据构成实证型论文的核心。如同在表格中提到的那样，实证型研究通常要求一个基本的文献综述，但是它的典型之处在于仅仅检索一些关键研究作为理论的起点。第 2 章以一个综述的例子开始，就是为了让你知道如何写综述。如果你正在写一篇文献综述，那么就要在网上检索文章和摘要上下功夫，或者花更多的时间来阅读和做笔记。另一方面，如果你正在写一篇对单个实证研究的评论，你可能不必为了一篇 3~5 页的论文而去查阅大量的文献。不过，在一些更高水平的像研究生、博士生的学术研讨会上，教师可能期望一篇 25~30 页（包括参考文献目录）的

最终论文，就如同附录 B 中约翰·史密斯的综述型论文那样，这篇论文应具备足够的细节和有逻辑结构的论证。

约翰·史密斯的综述型论文根据其中心点和涉及范围，可被认为是典型的综述性的学术报告。还有一种元分析综述，在一些高声誉的项目和高级课程中逐渐变得流行起来。在元分析综述中，学生运用统计学图表来量化一组相似的实证研究结果，这个综述的核心是观测到的效果（称之为效应量）的大小和影响程度的变化性。这些代表性的综述都有一个探究的方向，在这个方向下，研究者寻找能改变效应量大小程度的条件（称之为调节变量）。在心理学中有一个被广泛引用的元分析事例是艾利斯·H. 伊格利（Alice H. Eagly）在 1978 年做的一个实验。教科书在很长一段时间里宣称女性比男性更保守且更容易受到影响。伊格利是心理学研究性别和态度领域的专家，她想知道这些在某个历史时期中得到的结论是否能成为一个调节变量。她的元分析研究揭露出，虽然在女权运动之前的时期做的一些研究确实显示出女性比男性更容易受到影响，但是这类研究后来又发现在影响力上几乎不存在性别差异。你可以在社会心理学（socialpsychology）的相关网站上了解更多伊格利教授在社会心理学领域的工作。

展示 2 中提到的第二个区别是，实证型论文的典型结构应该遵循这些年来逐渐固化的一个传统。通常包括：（a）摘要（或研究报告的概述），（b）前言（叙述研究的目的和研究假设的基础），（c）方法（研究是如何进行的），（d）结果，（e）对结果的讨论，（f）被引用的参考文献（期刊文章、书籍等）。附录 A 中简·多伊的实证型论文包含一些额外的部分，但你的论文至少应包括以上这六个部分。综述型论文会根据综述目的、涉及范围和作者的观点而更加灵活。通过附录 B 中约翰·史密斯的综述型论文就可以观察到这种灵活性，这种灵活性体现在他系统地考虑了论文主体之后，对论文中章节标题有组织、有计划的布局上。

展示 2 中提到的最后一个区别是，综述型论文将问题和观点放到特定主题或论题中，而实证型论文的主要目标是向别人描述你的实证调查结果。实证型论文的题目常常涉及含有明确预测的可验证假设，而有的论文可能是一种探索性研究或者是一种单纯的描述性调查（这本书之后会谈论很多这样的差异）。如果有假设，那么你在研究中发现的东西应该放到预测背景中，就像附录 A 简·多伊的实证型论文的结果和讨论部分。

1.5 时间安排

一旦你有了明确的目标，那么下一步就是给自己限定时间了，以免像乔·古尔德那样懒散且最终一事无成。你了解自己的能力水平和思维模式，最好按照你的特点行动。你是一个早起的人吗？如果是，抽出一些时间在早上开始你的写作。晚上你的工作效果好吗？如果好的话就发挥你的优势在晚上安静的时间工作。通过制订实际的时间安排为你的其他活动留出时间，以保证自己有足够的时间来完成作业的每一个重要部分。你还可以在日历上写下自己的时间安排，以此来提醒自己。还有一些人把安排的时间表贴到一个他们每天会看不止一次的地方，比如洗手间的镜子上。

在制订时间计划时，给自己留出足够做好一项工作的时间。耐心是完成每个阶段任务的保证。需要怎样安排工作呢？因为写一篇周密的综述型论文需要在网上（也可能在图书馆）花一定的时间寻找资料、阅读资料并且积累笔记，你必须为这些任务留出大量的时间。如果你正在写综述型论文并要求先交出一份方案的话，那么这儿有一些关于时间安排的建议：

- 为了研究方案查询最基本的文献
- 制订研究方案
- 完成文献查询
- 完成图书馆查阅工作
- 拟订提纲和完成初稿
- 完成和校对终稿

如果你正在写基于实证调查的实证型论文，你必须为伦理评估、研究的实施和数据分析留出足够的时间。如果你要做实证型研究并要求先交一篇研究计划，那么这儿有一些有关时间安排的建议：

- 为了研究计划完成最基本的文献查询
- 研究方案的完成
- 伦理评估的完成
- 研究的实施
- 完成数据分析
- 第一稿的完成
- 完成和校对最终稿

研究、组织、写作和修改需要花费一定的时间，你需要的书或期刊文章可能不适用，也不是所有的文章在网络上都可以获得。数据收集和分析也会遇到困难。如伦理评估的问题会花费比你预期更长的时间，你也可能被要求重新交研究计划，可能有一部分课题不能进行，也可能电脑硬盘突然不能正常运转，或者所需要的研究材料很难找到。在你的时间安排中，要给自己留出一些时间处理这些无法预见的问题，并要在初稿和终稿之间留出足够的时间，以保证你可以从写作中抽离出来并且以新的观点返回到自己的安排计划中来，可以润色初稿，并检查文章在逻辑性、流畅性、拼写、标点和语法上的错误。通过这种方法安排你的时间，你就不会为时间期限而感到压力或因逼近最终时间期限而感到惊慌。

如果你着手早，就会有时间去获得难找的资料或找到你需要的测验。附录 A 实证型论文的参考文献部分，就说明了上述情况。简·多伊需要寻找一些重要的经典资料，而很多类似的资料无法在网络上获取，但是她在自己大学的图书馆发现了上述资料。同样的情况也出现在了附录 B 约翰·史密斯的综述型论文中，他需要借阅大量的相关图书并在图书馆中花费相当的时间。

如果你想使用具有版权的特定测验，那么通常需要花费一些时间来获得使用权限。尽管要求经过高级培训才能实施和解释的测验通常不适用于本科生，但也有其他一些测验适用于学生。例如，亚瑟·A. 斯通所著的《自我报告法》（Arthur A. Store, *The Sciene of Self-Report*）；约翰·P. 罗宾逊、菲利普·R. 谢弗和劳伦斯·S. 怀特曼合著的《政治倾向的测量》（John P. Robinson, Phillip R. Shaver, Lawrence S. Wrightsman, *Measures of Political Attitudes*）等这些与心理测量的方法和理论相关的书籍。在第 2 章，我们会详细阐述如何通过馆际互借来获得那些在你们学校图书馆中无法获得的图书资料。在《未公开发表的心理测量问卷目录》（*Directory of Unpublished Experimental Mental Measures*）一书中，你可以看到在所有期刊和研究报告中可用的测验和测量方法的目录。本丛书由伯特·A. 戈德曼（Bert A. Goldman），大卫·F. 米切尔（David F. Mitchell）和他们的学生编著，书名中"未公开发表"的意思是这些量表可以自由使用而不需要任何费用或特定的授权。而关于问卷、访谈步骤、清单、编码规则、评定量表以及其他的一些有关社会心理与健康的内容详实的数据信息，则可通过一本由伊芙琳·佩洛夫（Evelyn Perloff）撰写的名为《公共卫生评量工具资料库》（*Health and Psychosocial Instruments*）的书籍提供，你可以在 EBSCO 与 Ovid 数据库中获得其具体内容（相关数据库也会提供心理学文摘，这项内容会在 2.4 节进行讨论）。

如果你遇到问题，早点与你的老师讨论才能确保按时完成任务。早点开始会使你有足够的时间解决课本上没有的具体数据分析疑难。如果你感觉有需要，也可以发邮件请求研究者给你一些尚未出版的后续文章，或者要求获得复制的准许。在附录 B 中约翰·史密斯的论文里（详见附录 B 中标题页的作者声明部分），他感谢给予他复制图片准许权的作者，也感谢老师指导他参考研究生水平的教材从而解决了统计问题。简·多伊则必须获得餐馆老板和服务员的准许才能进行她的实验，并且她需要大量的时间去做数据分析（详见附录 A 中标题页）。最后的忠告：教师听过所有学期论文晚交或做不好的借口，所以如果你错过了最后期限就不要期望获得同情。如果你期望从教师那里获得继续深造或申请工作的推荐信，你绝对不能给老师留下"不靠谱"的印象。

1.6 选 题

　　接下来要做的是提出一个研究观点或为综述论文选择适合的题目。研究观点或综述题目的选择是学习的必要部分，因为当你做研究方案的时候，你可以自由地探究经验、进行观察并且基于好奇心和兴趣提出质疑或问题。其实有许多方法可以让你获得研究的思路。例如，约翰在他的综述型研究方案（展示 11）中提到：他第一次对多元智力理论感兴趣，是在他的心理测验课程上导师提到自己的多元智力方面的研究的时候。简·多伊在实证型研究方案（展示 12）中描述了同样的情形，她做这个题目也是因为她的老师对小费支付行为做了相关研究。简·多伊还提到了她自己对这个主题的兴趣（因为她有过在暑期做服务员的工作经历）。

　　如果你主修或辅修心理学，那么你可能已经有许多有关人们为什么行动、感知或思想的问题和观点。如果你正在寻找一个观点，而你们心理学系邀请嘉宾做向本科生开放的学术报告（通常大部分都是），当你聆听这些嘉宾演讲的时候，会获得一些属于自己的研究想法（所以要带笔和纸以便记下自己的想法）。通常在学术座谈会结束以后，学生还会有机会同这些嘉宾进行一些非正式的交谈。另一个激发你创造力的方法是用开放、好奇的心理去感受你每天的实验和经历。多年前关于披头士（Beatles）的成员保罗·麦卡特尼（Paul McCartney）的谣言开始流传的时候，我们的一位成员拉尔夫（Ralph）开始对谣言心理学感兴趣。这些谣言的表现方式与传统教科书中所认为的方式并不相同。对谣言的经典解释和实际所见的现象之间的差异成为改变谣言心理学研究方法的起点。

　　考虑合适题目的时候，你可能会遇到一些不可预料的困难。下面的建议会使你更容易选择题目：

・选择一个可以激起你好奇心的题目并长期坚持你的兴趣。

・确保你的题目可以在合适的时间内完成并达到确定的页数。

・假设你需要独立地完成一项研究，不要选择别人已经选择了的题目，否则在获得图书馆资料方面会与别人存在竞争。

· 如果你对题目还没有足够的认识，那么在你尝试缩小题目之前要阅读资料。

1.7 "收窄"题目

对于那些需要在即将来临的最后期限前写出报告的学生来说，为综述型论文或实证型论文选择的题目太宽泛或太窄都会增加难度和困扰，这意味着将有不满意的结果。一个太宽泛的综述，如"弗洛伊德的生活和时代"或"B. F. 斯金纳（B. F. Skinner）的生活和时代"，会导致你的作业在有限的任务框架和时间限制下因试图涵盖太多的材料而无法完成。弗洛伊德理论中的一个特定的方面（假设你对心理分析理论感兴趣并且你的老师同意你选择的主题），如有关个性理论、异常行为或精神病理学的综述是更恰当、更精确的焦点。不过实验心理学家 B.F. 斯金纳（他习惯用已知的心理学原则来解读整个社会的组织运行）在他的小说《沃尔登二世》（*Walden II*）中，采用以前沿观点为基础进行文章撰写的方式，来告诉我们如何通过选取一个更明确的焦点，从而对心理学的历史进行系统性的描述。

在限定综述型论文题目的过程中，不要将你的讨论仅仅局限于你已经知道的事实。问问自己预备完成的作业论文的研究计划有什么特别之处。例如，约翰·史密斯的综述论文不仅仅是他人研究结论的简单罗列，他还努力将自己的观点融入进去。这种方式不仅确定了研究项目核心，而且当导师打分时这样的论文将会脱颖而出。下面是缩小题目范围的两条指导原则：

· 确保你的题目不至于太狭窄而使参考文献太难找。

· 接受教师的指导，因为教师能够帮助你避免选用一个难以驾驭的题目。

当你和老师讨论一些具体的观点时，你肯定会发现老师们很乐意帮助你调整一些思路，从而使你的研究题目与研究方案相匹配。下面是一名学生完善一篇有关弗洛伊德的综述型论文的例子。

> **无限制的题目（太宽泛）**
> 弗洛伊德关于个性和异常行为的理论
> **限制到 20 页的论文**
> 弗洛伊德恋母情结理论在心理健康中的应用
> **限制到 10 页的论文**
> 弗洛伊德的婴儿性欲理论调查

下面是另一名学生的例子，这种情况适用于一两个学期的实证型论文。

> **无限制的题目（作为学期项目太宽泛）**
> 如何破译非言语刺激
> **稍微限制的题目**
> 关于女人和男人如何以不同方式破译特定种类非言语刺激
> 的调查
> **充分限制的论文题目**
> 调查波敦克大学*的女性和男性自愿受试者区别男性和女性演
> 员高兴、失望、生气和恐惧的面部表情图像的能力是否不同

如果你目前选修了研究方法课程，所用的教材可能会讨论到评定研究假设的标准，详细的讨论超出了本书的范围，但是我们能提出三个标准：

1. 好的假设是有道理的，或可信的。即它们根据可信的观点和事实来设立相应的研究假设。具有良好根据的假设在测试的时候可以获得更高的回报。因此，你必须做基本的文献查阅工作去查明你的观点是否与科学文献中的结果相一致。如果不一致，你就需要思考这些矛盾，并决定（在教师的帮助下）是否重新查找有新颖性的观点或形成其他的研究假设。

---

*这所大学是作者虚构的。

2. 好的假设是简洁、逻辑连贯、与现实一致的，并且专业术语运用精确。要看你的专业术语是否使用正确，请查阅心理学 APA 词典或心理学百科全书（或者你感兴趣的任何内容），但是不要仅仅依靠网络搜索。为了确保你的假设是简洁和连贯的，请询问你的老师，他会教你如何删掉难以驾驭的文字。这种文字删节以使重点清晰的过程被称为"奥卡姆剃刀"——以 14 世纪方济会哲学家奥卡姆·威廉的名字命名，他认为文字无须冗长的解释。也就是说使用"奥卡姆"原则的过程就如同修剪你的胡须，而不是"切掉下巴"。

3. 好的假设是可验证的，如果不正确的话是可以证伪的。富于想象力的人对即使最荒谬的观念也可能提供支持，而那些大多数科学家认为通过任何方法都无法证明其对错的假设则不属于科学的范围。例如，"所有的行为都是我们身上善恶的产物"不是科学假设，因为它陈述得如此模糊以致根本不能进行实证验证。

1.8　了解你的读者和题目

所有专业的作者都知道他们是为特定的读者写作的，这帮助他们确定作品的语气和风格。如果你是一个新闻工作者，那么肯定会去学习怎样写一篇新闻报道，比如一篇住宅起火的报道。同样是住宅起火的事例，如果你是一个作家，可能会写成一个短故事，需要把事情发生的细节都生动地描述出来，这样你的故事才能吸引读者。当你在写一篇心理学的综述型论文或者实证型论文的时候，明确读者也是非常重要的。读者是你的老师，他（她）不仅是读者，并且还是在这一领域非常博学的人。写作，一方面可以表现出你已经获得的知识，另一方面也证明你已具备在一个适当的框架下连贯地向专业读者表达想法的能力。

如果你对教师的评分标准产生疑问，在你开始写作之前要清楚老师设定的标准是什么。例如，在研究方法课上，教师的教学大纲列出了论文的不同部分的评分标准：

摘要

    信息量（5%）

前言

    目的明确（10%）

    文献综述（10%）

方法

    设计充分（10%）

    描述的质量和完整性（10%）

结果

    分析恰当和正确（10%）

    图表的运用（5%）

    陈述清晰（10%）

讨论

    结果解释（10%）

    评论／对未来可能出现的研究的启示（10%）

其他

    组织，格式，参考文献，等等（5%）

    原始数据和计算的附录（5%）

这种信息能够培养学生检查工作清单的能力，从而确保他们能够像教师在批作业的时候一样，把精力集中在整个任务安排中重要的部分上。当你更深入地阅读这本书的时候，就会发现这份大纲可以用来当作一份清单，用来提醒自己计划并完成不同的任务部分。

1.9 培养理解力

我们假设你了解你的主要读者——你的老师——期望你达到什么样的水平。现在你必须尝试对题目做更深层次的理解。你读得越多并和朋友讨论得越多，你对研究方案的理解就会越深入。在下一章，我们将描述如何运用计算机和图书馆资源去培养这种理解力。下面是促使你开始的两条重要的建议：

- 一些作者发现用一些 3 寸 ×5 寸的卡片，或使用即时贴，记下突然出现于脑中的观点是很有效的。这是将你的观点正确保存在你头脑里的一种好方法。
- 你需要理解你的原材料，给自己准备一本好的词典，并且在你遇到一个不熟悉的词时随时翻阅，这种习惯会使你获益匪浅。

最为全面的字典是没有任何删减的，即没有省略任何词条或解释。它们可能很昂贵，但是在大学或地方的图书馆里很容易找到，一些词典也可以通过图书馆的网址在线查阅。所有英文字典中最具综合性的是多卷的牛津英语词典（简称"OED"）。它提供了英语这一种语言中所有单词的来源和该词从 1150 年开始到这本词典出版为止的发展历史。假设你想要写一篇关于谣言的心理学文章，并且在牛津英语词典中查询专业的术语，你会发现谣言（gossip）这个单词刚开始是 god-sibbs，指"godparent"，是在宗教上给孩子洗礼的人。在孩子的洗礼仪式上，远方来的亲戚朋友们聚集到一起，分享各自的生活。所以神谕（God's spell）中的 d 被去掉了从而变成真理（gospel），而 god-sibbs 变成了谣言（gossip）。另外，西蒙·温彻斯特（Simon Winchester）的著作《教授与疯子：一个杀手和精神病的传说，牛津英语词典的形成》（*The Professor and the Madman: A Tale of Murder，Insanity，and the Making of the Oxford English* * *Dictionary*）会让你对牛津英语词典更感兴趣。

---

* 原著英文似有误，此处为 University，此为编者改。

2

查找和使用参考资料

文献查找在准备综述型论文的过程中是不可缺少的步骤。它也是研究计划的必要方面，因为你可以在他人著作的基础上提出自己的观点。了解许多可用的网上或纸质资料，你就会估量出查找到可靠的资料将要付出的努力。这一章还会为你提供一些搜索或收集资料时做笔记的技巧。

2.1 从玛雅的肩膀上向前看

我们假想一名学生叫玛雅，她需要为综述型论文选择一个主题，并且收集这个项目领域主要的研究资料。首先，我们描述玛雅怎样得到关于综述型研究计划的想法，以及怎样与老师进行初步的沟通。她知道必须写出一个书面的研究计划，在下一章，我们将会阐述提出和撰写研究计划的过程。在开始起草研究计划之前，她需要识别和检索与这个主题相关的研究成果。我们会描述玛雅是怎样一步一步地查找文献的。接下来，我们将仔细考察她使用的资源和其他可以在大学图书馆查询到的资源或搜索引擎。并不是所有的图书馆都能找到需要的参考资料，但是玛雅用的这些资料来源通常来说都是有用的。在此，我们为心理学专业的学生提供了一个更详细的选择参考资料的数据库列表（网上使用的常用术语和专业术语的解释，见展示3）。

展示 3　网上的常用词汇和专业术语

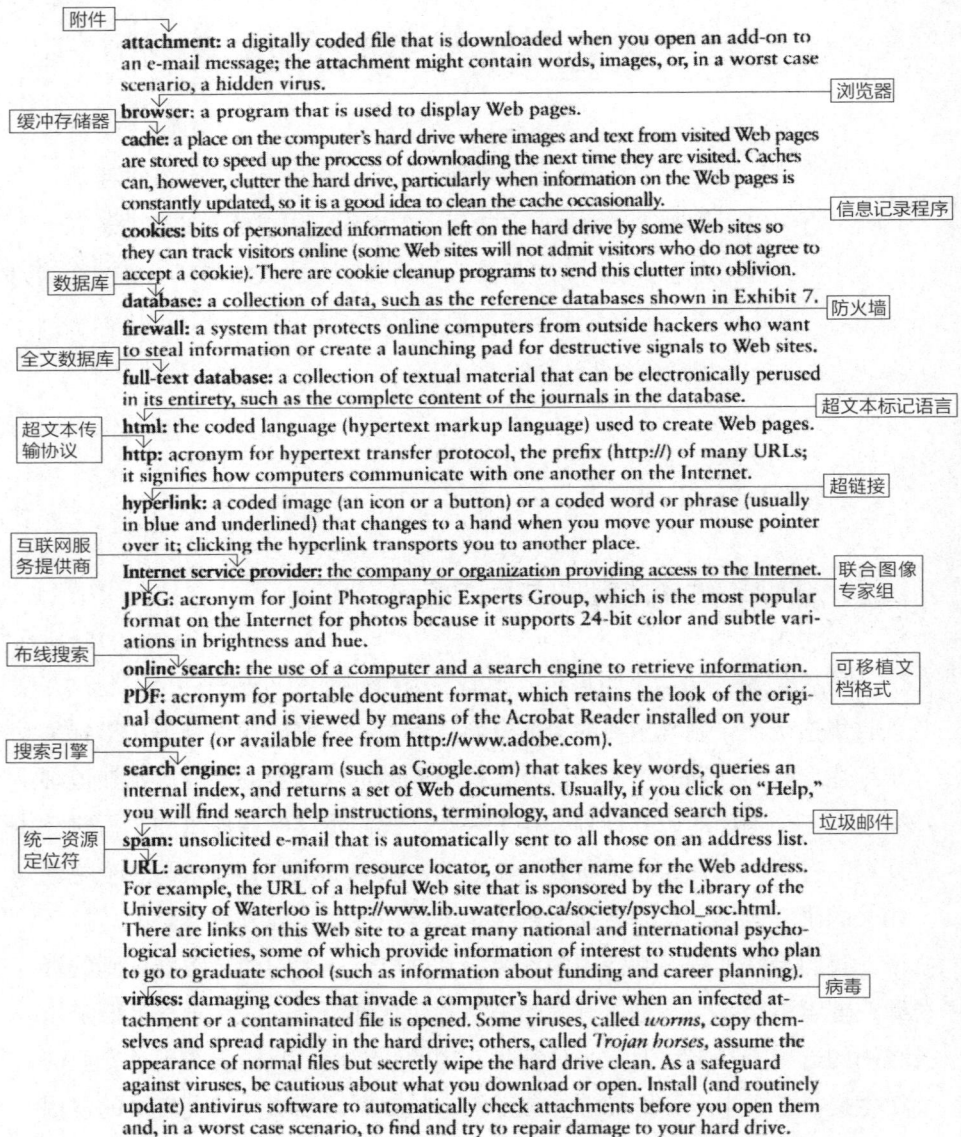

附件 →

attachment: a digitally coded file that is downloaded when you open an add-on to an e-mail message; the attachment might contain words, images, or, in a worst case scenario, a hidden virus.

browser: a program that is used to display Web pages. ← 浏览器

缓冲存储器 →

cache: a place on the computer's hard drive where images and text from visited Web pages are stored to speed up the process of downloading the next time they are visited. Caches can, however, clutter the hard drive, particularly when information on the Web pages is constantly updated, so it is a good idea to clean the cache occasionally.

cookies: bits of personalized information left on the hard drive by some Web sites so they can track visitors online (some Web sites will not admit visitors who do not agree to accept a cookie). There are cookie cleanup programs to send this clutter into oblivion. ← 信息记录程序

数据库 →

database: a collection of data, such as the reference databases shown in Exhibit 7.

firewall: a system that protects online computers from outside hackers who want to steal information or create a launching pad for destructive signals to Web sites. ← 防火墙

全文数据库 →

full-text database: a collection of textual material that can be electronically perused in its entirety, such as the complete content of the journals in the database.

超文本传 输协议 →

html: the coded language (hypertext markup language) used to create Web pages. ← 超文本标记语言

http: acronym for hypertext transfer protocol, the prefix (http://) of many URLs; it signifies how computers communicate with one another on the Internet.

hyperlink: a coded image (an icon or a button) or a coded word or phrase (usually in blue and underlined) that changes to a hand when you move your mouse pointer over it; clicking the hyperlink transports you to another place. ← 超链接

互联网服 务提供商 →

Internet service provider: the company or organization providing access to the Internet.

JPEG: acronym for Joint Photographic Experts Group, which is the most popular format on the Internet for photos because it supports 24-bit color and subtle variations in brightness and hue. ← 联合图像 专家组

布线搜索 →

online search: the use of a computer and a search engine to retrieve information. ← 可移植文 档格式

PDF: acronym for portable document format, which retains the look of the original document and is viewed by means of the Acrobat Reader installed on your computer (or available free from http://www.adobe.com).

搜索引擎 →

search engine: a program (such as Google.com) that takes key words, queries an internal index, and returns a set of Web documents. Usually, if you click on "Help," you will find search help instructions, terminology, and advanced search tips.

spam: unsolicited e-mail that is automatically sent to all those on an address list. ← 垃圾邮件

统一资源 定位符 →

URL: acronym for uniform resource locator, or another name for the Web address. For example, the URL of a helpful Web site that is sponsored by the Library of the University of Waterloo is http://www.lib.uwaterloo.ca/society/psychol_soc.html. There are links on this Web site to a great many national and international psychological societies, some of which provide information of interest to students who plan to go to graduate school (such as information about funding and career planning).

viruses: damaging codes that invade a computer's hard drive when an infected attachment or a contaminated file is opened. Some viruses, called *worms*, copy themselves and spread rapidly in the hard drive; others, called *Trojan horses,* assume the appearance of normal files but secretly wipe the hard drive clean. As a safeguard against viruses, be cautious about what you download or open. Install (and routinely update) antivirus software to automatically check attachments before you open them and, in a worst case scenario, to find and try to repair damage to your hard drive. ← 病毒

在玛雅的任课老师的一篇文章中，他解释了所谓的"皮格马利翁效应"（Pygmalion experiment），这是一个由罗伯特·罗森塔尔（Robert Rosenthal）和雷诺·雅克布森（Lenore Jacobson）研究的经典实验。在老师提到的《课堂中的皮格马利翁》（*Pygmalion in the classroom*）一书中，罗伯特·罗森塔尔和雷诺·雅克布森描述了在 20 世纪 60 年代，他们如何给旧金山南部的一所公立小学的学生进行了一场非言语智力的测验。老师被告知这个测验是"智力发展测验"之一，基于学生们在测验中的表现，大约 20% 的孩子 (他们的名字是调查者随机抽取的) 具有智力显著增长的能力。也就是说，有潜力的"发展者"与其他学生的差别并不是真实存在的差异。然后实验者分别在一个学期、一个学年和两个学年之后再次测量孩子们的智力。结果表明，尽管整体上智力的最大差异在一个学年之后就表现出来了，但是那些被假装智力上发展有潜力的学生即使在两年之后与其他同学相比也显示出了优势。玛雅的老师将这些结果描述成心理学中通常引用的期望效应，也就是"罗森塔尔效应"，因为罗伯特·罗森塔尔进行了广泛的关于人们的期望在某些时候是怎样成为"自我实现的预言"的实验调查，这个术语最早是由著名的社会学家罗伯特·默顿（Robert Merton）提出的。

玛雅对教学活动很感兴趣，并且认为关于期望效应的综述型论文是一个不错的主题。她知道这个主题可能太宽泛，她需要收窄它，但是她认为对于写一篇主题更集中的综述论文来说，皮格马利翁实验可能会是一个不错的出发点。为了讨论她的想法，玛雅预约了老师，在与老师见面的时候，她带了笔记本做笔记，这样她就不必仅仅依靠自己的记忆了。在与老师的交谈中，老师鼓励玛雅追求自己的想法，建议她阅读罗森塔尔和雅克布森的书并查阅一篇斯蒂芬·劳登布什（Stephen Raudenbush）写的期刊文章。老师告诉玛雅，劳登布什发表了一篇关于教师期待效应研究的元分析文章，并且成功地识别出合理的调节变量。她的老师不能确切地回忆起劳登布什发表文章的期刊名和出版的时间，但是他记得文章刊登在 1980 年代的 APA 类期刊上，因为在那之后有一些后续研究的元分析论文。老师建议玛雅使用 PsycINFO 数据库去寻找这篇文章，他告诉玛雅可以在 PsycINFO 数据库里面找到这篇文章的摘要，甚至有可能找到全文。他还提到了一本由彼得·布朗克 (Peter Blanck) 编写的名为《人际关系期望》（*Interpersonal Expectations*）的书。老师告诉玛雅，通过使用国会图书馆的在线目录，她可以很容易地追踪关于这本书和《课堂中的皮格马利翁》的详细信息。她也可以看看图书馆中关于心理学的百科全书，看看百科全书对预期效应、教师期待效应、人际预期或罗森塔尔效应的看法。"祝你好运，记得认真仔细地做笔记"，老师告诉她，"保持专注，否则你很容易被有关期待效应的堆积成山的文献分散注意力。"

当教师说"保持专注"的时候，他给了玛雅很好的建议，因为确实有大量的文献，不仅有关于期待效应的文献，还有心理学整个领域的文献，并且还在飞速地增多。如果没有关于综述型论文的明确目标和对目标保持专注的毅力，玛雅很可能会被她所面对的任务给淹没。这就是为什么收窄综述型论文或实证型论文的主题并有效地安排时间是如此重要。

2.2　使用在线目录

那天下午，当玛雅回到自己房间以后，她用自己的电脑开始寻找和检索。你可以用自己的电脑来回顾玛雅在这一节和 2.4 节的步骤，很容易就能明白怎样进入这里所描述的电子资源库。你也有机会学习在学校里获得的学习资源。如果一些全文数据库使用不了，你可以找图书管理员要你所需材料的打印副本。你所在的图书馆可能有其他资源的入口，图书管理员也会给你提供一些建议。当你找到了具体的数据库，比如我们在 2.4—2.6 节提到的这些，请在本章中的每个数据库名称后面打"√"。现在让我们来看看玛雅寻找和检索资料的进展吧。

玛雅连接上网络，然后使用一个搜索引擎（例如"谷歌"），在输入框里输入"国会图书馆在线目录"（Library of Congress online Catalog）。在输入完成之前，她可以看到一个提示列表，其中一个是"国会图书馆目录"。点击以后就会出现数以千计的网址，第一个就是玛雅正在寻找的网址。当点击那个网址后，她就进入了这个网站。在她面前出现了两个按钮：一个基本搜索（使用全功能框，她可以按标题、作者、主题等关键字搜索）和一个指引搜索（她可以在这里使用一系列菜单）。页面中还有一个标记为"快速搜索"的空格。玛雅输入"课堂中的皮格马利翁"，选择"关键词（全部）"按钮，然后点击"搜索"。下一个界面就会给她一些关于几本书的信息，并且前面的两本书名字都叫"课堂中的皮格马利翁"。其中一本是 1968 年出版的（这是罗森塔尔和雅各布森的书的原始版本），另一本是 1992 年出版的（一个后来的新版本）。点击它们当中的任何一本都会出现关于这本书的"简要记录"，玛雅把这些打印出来，以备后时之需。

　　玛雅点击了一个"新搜索"的标签重新开始检索，这次要找一些她老师推荐的另一本书的信息。玛雅决定用老师提到的关键词"人际预期"来做一个基本搜索。她点击基本搜索按钮，看见了一个叫做"搜索文本"的空格，她输入了"人际预期"。在那下面出现一个列出进一步选项的方框，玛雅选择了"主题关键词"并点击"搜索"。屏幕上出现了一个书单，其中一本正好是她要找的，点击书的名字就会出现一个关于书的简要介绍（如展示 4）。她注意到这个页面上有"示例文本""出版商说明"和"目录"。她点击了"目录"，看书中各章节的标题，发现这本书对她的文献综述来说，是一个很好的资源。

　　玛雅注意到，这里还提到了书的序列号，她决定把简要介绍打印出来，以防止这里面有将来需要的信息。表中提到的 ISBN 号就是国际标准书号，你会经常在书的背面或者出版信息那一页看到这样的号码。剩下的信息是书籍的简介或图书管理信息，比如这本书有 18 页（xviii）的序言，500 页（ill.）含插图的正文，放置在 24 厘米层高的货架上。

展示 4　来自美国国会图书馆联机目录的简单记录

The Library of Congress　　　　　　　　　>> Go to Library of Congress Authorities

LIBRARY OF CONGRESS ONLINE CATALOG

Help❶　New Search　Search History　Headings List　Titles List　Request an Item　Account Info　Start Over

DATABASE: Library of Congress Online Catalog
YOU SEARCHED: Title Keyword = interpersonal expectations
SEARCH RESULTS: Displaying 3 of 12.

◀ Previous　Next ▶

Brief Record　　Subjects/Content　　Full Record　　MARC Tags

Interpersonal expectations : theory, research, and applications / edited by...

Relevance: ✹ ✹ ✹ ✹ ✹
LC Control No.: 92036925
[分类] LCCN Permalink: http://lccn.loc.gov/92036925
Type of Material: Book (Print, Microform, Electronic, etc.)　　　　[主题]
Main Title: Interpersonal expectations : theory, research, and applications / edited by Peter David Blanck.
[出版社] Published/Created: Cambridge [England] ; New York, NY, USA : Cambridge University Press ; Paris : Editions de la Maison des sciences de l'homme, 1993.
Description: xviii, 500 p. : ill. ; 24 cm.　　　　[说明]
[国际标准书号] ISBN: 052141783X (hardback)
0521428327 (pbk.)
2735104923 (hardback : France only)
2735104931 (pbk. : France only)　　[示例文本]
[链接] Links: Sample text　　　　　　　　[出版商说明]
Publisher description
Table of contents　　　　[目录]
[编号] CALL NUMBER: BF323.E8 I68 1993
Copy 1
-- Request in: Jefferson or Adams Building Reading Rooms
-- Status: Not Charged

2.3　图书馆的印刷品资源

第二天，玛雅到学校的图书馆，想看看能不能在图书馆的藏书里（整个图书馆的书架上）找到她需要的那本书。另外，她还询问了图书管理员心理学类百科全书放置的位置（她了解到这些信息都可以从图书馆的在线目录中获得，以后在家也能够进入网站查阅）。1968 年版的罗森塔尔和雅各布森的书已经被人借走了，目前还没有还回图书馆。如果超过还书日期，玛雅可以请求图书管理员联系借书者，催促他把书还回来。图书馆没有收藏 1992 年版的罗森塔尔和雅各布森的那本书以及《人际关系期望》，但是玛雅可以通过一个叫做"馆际互借"（interlibrary loan）的系统来预定这两本书，这个系统是图书馆之间互相分享资源和服务的一个平台（很多图书馆的网站上都有馆际借阅申请表，这个表可以在网上填写和提交）。玛雅意识到通过"馆际互借"来找她需要的资料需要花费一定的时间，但是根据她的时间安排，她急切需要写出一个提案，所以玛雅决定在寻求"馆际互借"帮助的同时，看看能不能在网上买到1992 年版的《课堂中的皮格马利翁》。

待在图书馆的时候，玛雅查阅了心理学百科全书，并且浏览了书柜上所有可能有价值但目前还不太肯定的资源。并不是所有的图书馆都允许学生浏览所有的书柜。一些图书馆会要求你提供一个列表，上面写着你所需要的资料，然后工作人员会帮你检索这些资料。如果图书馆允许你浏览书柜，那么请看展示 5 给你提供的信息。展示 5 提供了两套在美国使用的收录心理学书籍的信息管理系统。尽管现在很多图书馆都使用国会图书馆的系统（Library of Congress System），但是一些年代久远的图书馆可能仍然使用的是杜威检索系统（Dewey Decimal System）。在展示 4 中，给出的国会图书馆检索系统序列号是 BF323.E8，这代表着这本书被收藏在书架的 BF 部分，编号 323，在百科全书的 E8 顺序。这个序列号被贴在书脊的底部。展示 5 呈现出多种与心理学相关的书的收藏地点。

玛雅的老师提醒她，虽然有堆积成山的文献要看，但是不要忽略了自己本身的目标。关于这一点，玛雅目前非常明确的概念只有一个，所以她需要收窄和聚焦她的主题。玛雅知道图书馆中的许多印刷品资源，包括字典和参考资料，在她的主题研究更加深入的时候，这些资源会非常有帮助。比如《心理学年鉴》（Annual Review of Psychology）就是一个可能会在后期研究中非常有帮助的资源，它可以在网上找到，也可以在很多图书馆中找到纸质版。这个杂志是《年鉴》（Annual Review）系列中的一部分，而《年鉴》是提供科学研究中每一个项目权威性综述的系列性出版物。图书馆中其他有用的参考资料被称为"手册"。如果你在图书馆的在线目录中搜索这个术语，你可能会找到一些专门的使用手册。这些书中汇集了所属领域的专家所撰写的详细的述评。与《心理学年鉴》中的项目综述或百科全书的简报相比，这些手册的章节介绍往往更具特色。

展示5　心理学分类编制

美国国会图书馆系统		杜威十进制系统	
BF	变态心理学	00–	人工智能
	儿童心理学	13–	超心理学
	认知	15–	变态心理学
	比较心理学		儿童心理学
	环境心理学		认知心理学
	动机		比较心理学
	超心理学		环境心理学
	知觉		工业心理学
	人格		动机
	生理心理学		知觉
	心理语言学		人格
	心理统计学		生理心理学
HF	工业心理学	30–	家庭
	人事管理		女性心理学
HM	社会心理学		社会心理学
HQ	家庭	37–	教育心理学
	女性心理学		特殊教育
LB	教育心理学	40–	心理语言学
LC	特殊教育	51–	统计学
Q	人工智能	61–	精神病学
	生理心理学		心理治疗
QA	数学统计学	65–	人事管理
RC	变态心理学		
	精神病学		
	心理治疗		
T	人事管理		

一些期刊在综合评价部分也很专业，例如由心理科学学会（APS[1]）出版的两个：《心理科学观察》（*Perspectives on Psychological Science*）（APS把这个期刊描述为一个包括综合评价、元分析、理论说明和其他类型文章的综合性刊物）和《大众心理学》（*Psychological Science in the*

1　美国心理科学会简称 APS，文后提及均以 APS 表示。

Public Interest）（一个包含对公共利益问题进行评论的专著系列）。APS
还发行了名为《心理科学》（*Psychological Science*）的研究期刊和名为
《心理科学进展》（*Current Directions in Psychological Science*）的期刊，主
要是关于研究和方法领域的综述。美国心理学协会（APA[1]）赞助了大量
的期刊，包括两个很权威的期刊，一个是发表文献综述的《心理学报》
（*Psychological Bulletin*），一个是发表理论论文的《心理评论》（*Psychological
Review*）。另一个包含综合评价的核心期刊是《行为与脑科学》（*Behavioral
and Brain Sciences*）（由剑桥大学出版社出版）。这个期刊的独特之处在于，
在每篇文章的后面都有一个"同行评议"（One Peer Commentary）的栏目，
其他作者会在这个部分对这篇文章做出精彩的评论。基本上在任何领域
都有专业的期刊，专业图书馆员会指导你，哪里能找到这些有用的和你
需要的资源，所以不要因为害羞而不去请求图书馆员的帮助。

2.4　使用 PsycINFO（心理学文摘）数据库

　　玛雅的任课老师还建议玛雅去查阅斯蒂芬·劳登布什（Stephen
Raudenbush）的一篇元分析文章，但是他只记得这是一篇关于"教师期
望效应"（teacher expectarcy effects）的文章，于 1980 年代公开发表在
APA 的期刊上，他建议玛雅使用 PsycINFO（心理学文摘）数据库。这
个 APA 数据库里有从 18 世纪到现在的所有文献的目录。玛雅发现她可
以在学校图书馆和校园里其他几个为学生提供电脑和打印机的地方进入
这个数据库，她也可以用自己的电脑进入并且把需要的文章保存到一个
文件夹里面。图书馆购买了 PsycINFO 和其他 APA 数据库的使用版权，
这些版权供应商（或所有者）包括 EBSCO、OVID、DIALOG、DIMID、
Hogrefe 和 ProQuest 等公司。玛雅学校的图书馆使用的是 EBSCO 公司为
PsycINFO 数据库提供的主系统，在这个系统中她找到了学校图书馆提供

1　美国心理学协会简称 APA，文后提及均以 APA 表示。

给学生使用的数据库列表。

当她选择这个数据库的时候，电脑屏幕上会出现一个信息的文件夹，这个文件夹包括一个空白的方框和"选择一个文件"的选项（作者、标题、期刊名、系列标题、关键词、发表年份、ISBN 等）。玛雅可以通过发表日期（月份、年份）、发表类型（所有类型的期刊、同行评审期刊等）、年龄组、语言等来缩小搜索结果的范围。玛雅想用最快捷的途径，所以她输入"Raudenbush"（劳登布什）然后选择"作者"，在下面另一个空白框中输入"teacher expectancy"（教师期待效应），选择"标题"。点击"搜索"后出现了一个相关书目的界面，她可以选择请求查看摘要或者全文文本，这些都是她可以保存或打印出来的。如果玛雅输入"Raudenbush"（劳登布什）然后点击"作者"，她可能会找到一个很长的列表——劳登布什发表过的全部文章，包括很多在 PsycINFO 数据库中不能获取全文的资源。列表上会有关于这些出版物的很多其他信息，所以玛雅可以通过其他的电子数据库来获得这些资源，或者去她学校的图书馆找到这些期刊的纸质版，对于那些通过这两种方式都找不到的年代久远的资料，可以去图书馆找微缩胶片档案，然后打印出来。

展示 6 展示了玛雅检索的关于劳登布什所有文章的 PsycINFO 记录。尽管术语"调节变量"在这个记录中并没有出现，但是摘要证实劳登布什找到了一个调节变量，在学生智力水平上教师期望效应的大小受到在开学时老师对学生印象的调节。玛雅有了一个关于怎样收窄"皮格马利翁效应的调节变量"的综述型论文的主题。当接着使用 PsycINFO 数据库时，玛雅在空白栏中输入"Pygmalion"（皮格马利翁），选择"关键词"，然后在下面的空白框中输入"moderator"（调节），然后选择"摘要"。她检索出两篇相关的参考文献：一篇是由 Nicole M. Kierien 和 Michael A. Gold 在《组织心理学》（*Journal of Organizational Psychology*）（2000，21，913-928）发表的"Pygmalion in Work Organizations: A Meta-Analysis"，另一篇是在《应用心理学》（*Journal of Applied Psychology*）（1995，80，253-270）发表的"Self-Fulfilling Prophency and Gender: Can Women Be Pygmalion and Galatea？"，作者是 Taly Dvir、Dov Eden 和 Michal Lang

展示 6　期刊文章的 PsycINFO 数据库记录

记录：1

标题：	教师期望对学生智力产生的影响的可信度研究：18 个实验研究调查的综合结果。
作者：	Raudenbush, Stephen W.
来源：	教育心理学杂志 .Vol76（1）Feb 1984，85-97. 美国心理学学会
出版方：	美国心理学协会
其他出版方：	美国：Warwick 和 York
ISSN：	0022-0663（打印）
	1939-2176（电子版）
语言：	英语
关键词：	期望效应的元分析，教师期望对学生智力的影响，1—7 分级，理论影响和未来的元分析研究
摘要：	元分析被运用于考察教师期望对小学生智力影响的实验结果的可变性。在研究中，研究者为教师提供设计好的信息去提高他们对那些事实上随机选取的孩子的期望，考察期望对学生智力影响的细微过程，这个由 R. 罗森塔尔和 L. 雅各布森（R. Rosenthal & L. Jacobson, 1968）发展的"皮格马利翁"实验也被质疑。研究假设：在期望效应发生的时候，教师对他们的学生越了解，实验处理效应就越小。数据非常支持这种假设。智力测验的类型（团体或个人）和测验实施者的类型（知道或不知道期望效应信息）影响实验结果。期望效应对 1、2 年级学生比对 3—6 年级学生产生更大效应的假设得到了支持。然而，在 7 年级时再一次出现了显著的效应。文中讨论了有关今后的元分析研究的理论意义和存在的问题。（PsycINFO Database Record © 2006 APA, all rights reserved）
主题：	小学生；实验方法；智力；初中生；教师期待；年龄差异；文献综述；统计分析；理论
分类：	课堂动态、学生调节、态度
人口：	人类（10）
年龄组：	儿童（出生—12 岁）（100）
	学龄期（6—12 岁）（180）
	青年期（13—17 岁）（200）
方法：	实证研究；文献综述
可用格式：	电子档；打印
封面形式：	打印
出版类型：	期刊；同行评议
文档类型：	期刊文章
发布日期：	19840101
版权：	美国心理学协会，1984
数字对象标识符：	10.1037/0022-0663.76.1.85
登录号：	1984-16218-001
来源的引用数：	57
数据库：	PsycINFO
全文数据库：	

来源：PsycINFO 数据库，该数据库版权属于美国心理协会（2010）并保留所有权。本记录获得美国心理学会许可，若未经美国心理协会的书面许可，不得复制或进一步使用。

Banjo。第二篇文章发表在一份 APA 期刊上，玛雅检索出来并下载了文章全文。PsycINFO 数据库没有提供第一篇文章 PDF 格式的全文资源，但是它告诉玛雅怎样"找到全文"。玛雅点击这个选项后发现有很多获取这篇文章全文资源的途径。

我们注意到展示 6 中有个条目叫做"数字对象标识符"（Digital Object Identifier）。它指的是当玛雅在她的研究计划或最终的论文中使用到劳登布什的文献时，可能会用到的信息。DOI 就是它的缩写，或者用 APA 格式引用参考文献时的 doi 码，它是用于数字资源知识产权的识别号码。假设每一篇应用的参考资料都有一个 doi 码，那么引用电子资源时，如使用 APA 格式，则都需要显示你引用的参考文献的 doi 码。在第 3 章中我们会用很多例子来告诉你怎样找到 doi 码，但是可以提前告诉你的是，在附录 A 简·多伊最终论文的参考文献部分和附录 B 约翰·史密斯的综述型论文中，doi 码在引用文献的后面，并且没有用点隔开，因为 doi 码里面是没有点的。在全文数据库中，doi 码通常出现在文章的第一页。玛雅需要记录下所有她引用的电子资源和参考文献的 doi 码。

玛雅在短时间内取得了让人印象深刻的进步。她发现图书馆和电子资源是多么节省时间。通过使用 PsycINFO 数据库和阅读劳登布什文章的摘要，使玛雅的思维更集中，令她能更有计划地管理写作安排。

2.5　心理学搜索引擎简介

PsycARTICLES（心理学全文期刊）数据库、PsycBOOKS（心理学全文书籍）数据库、PsycEXTRA（心理学延展文献）和 PsycCRITIQUES（心理评论）。

玛雅之前使用的是美国心理学协会的摘要数据库——PsycINFO。诸如 PsycINFO 数据库和美国国会图书馆的在线目录之类的电子数据库的优点是可以按照自己的想法搜索内容。图书馆通常会为没有电脑的学生提供预约使用的电脑。因为需要排队使用电脑，所以你可以询问是否能够用其他地方的电脑连接图书馆的系统，以及如何获得这些资源。PsycINFO 数据库和其他电子数据库都有各自的限定词汇表，它与特定的数据库相匹配。有一个名为"心理学术语索引"（Thesaurus of Psychological Index Terms）的关于心理学文献限定词汇表的出版物，它主要面向订阅了 PsycINFO 数据库的图书馆。但其实使用 PsycINFO 数据库是非常简单的，你可以通过在线搜索找到很多期刊文章和手册的摘要、关键词。当你使用一个并不是非常准确的术语的时候，通常搜索引擎会给你提供一些替代的词。很多学生都发现检索的过程简单且直观。

尽管有许多期刊文章和书的全文数据库，但是网上很少有免费的，学生一般都是通过所在大学图书馆的网站获得。为了使读者能更容易地查找文献，很多图书馆的网站也根据学科对这些数据库进行分类。教科书出版商通常也会提供查找电子数据库的链接，但他们可能不会提供你所需要的期刊或原始资料。PsycINFO 数据库有大量的心理学家发表的书籍和文章的记录，包括 APA 中没有公开提供的全部引用文献的书目记录。PsycINFO 数据库提供能把使用者带到期刊网站主页的"期刊链接"，在那儿你可以得知是否能够免费下载全文。有的出版商（不是所有）允许在使用期过后免费阅读，还有专门提供这些资源的电子数据库。

PsycARTICLES 是另一个 APA 数据库，在图书馆中这个数据库与 PsycINFO 数据库是相连接的。PsycARTICLES 数据库是一个提供 APA 期刊、加拿大心理学协会（CPA）期刊和 Hogrefe 公司出版的一系列期刊全文文章的数据库。你可以从 APA 官方网站中找到更多关于这些期刊的信息。PsycBOOKS 也是一个 APA 数据库，为用户提供 APA 和一些其他出版商的学术专著的电子版全文，包括一些心理学的经典资源和 APA 心理学百科全书（*APA's Encyclopendia of Psychology*）电子版。PsycEXTRA 是一个为用户提供未出版的、在 PsycINFO 中没有而且是非同行评议的（会议论文、报纸、技术性论文、政府报告等）或"难以找到的作品"（被称作"灰色文献"）的数据库。"同行评议"（peer review）这个术语的意思是该领域的专家通过一个系统的评估过程来评估文章的独创性、有效性和重要性，并提供"同意"或"拒绝发表"的建议。PsycCRITIQUES是一个提供心理学专著、录像、电影和软件的评论的数据库，包括名为《当代心理学》（*Contemporary Psychology*，存在于 1956—2004 年）的一份 APA 书评期刊的历史文件。

2.6　运用其他数据库的小建议

　　一旦你熟练掌握了 PsycINFO 数据库的使用方法，就会发现使用其他电子数据库搜索信息也很容易。展示 7 展示了通常高校图书馆所使用的一些电子数据库，涵盖多个学科和兴趣领域。如果你不知道能在哪个数据库里找到你需要查阅的信息，你就去图书馆找专业馆员咨询。很多大学图书馆的官网上都有搜索栏，当你输入期刊名或者文章标题并点击搜索的时候，就可以知道在这所学校的数据库中能不能找到这篇文章的电子版。下面是运用这些数据库的一些建议。

- 写下你的研究问题，将你想作为搜索词的单词或短语做成列表。
- 浏览一下你网上可以用到的数据库列表；打印列表，以避免不断的重复查找。
- 标记其他相关或今后可能感兴趣的数据库。
- 搜索时，为避免反复返回搜索，请做好记录；列出摘要或索引、搜索的年限和你使用过的搜索词。
- 尽可能将找到的资料拷贝在文件夹中以便日后查看。你可以用杀毒软件来防止文件受到病毒的感染。
- 不要仅仅做一个相关著作的引文列表，也阅读一些你准备引用的东西，因为教师想知道你是否阅读过。

展示7　电子版的参考文献数据库

名　称	数据库内容说明
Academic Search Premier	来自社会科学、人文、教育、计算机科学、机械、语言学、艺术和文学、医药科学和种族研究中许多学术出版物的全文数据。
Annual Reviews Online	基于 32 个准则的重大研究的全文文献综述。
britannica.com	《大英百科全书》和《韦氏大词典》的全文数据库。
Cambridge Journals Online	剑桥大学期刊数据库。
Census Look up	最新人口和住房普查的特定地理区域的数据表，由美国统计局编制。
DSM Library	《精神障碍诊断与统计手册》。
Electronic Human Relations Area Files	耶鲁大学的一个非盈利性机构的数据库，来自 30 多个国家的教育、研究、文化和政府机构，提供不同文化和学科的民族学及相关信息，缩写为 eHRAF。
ERIC	研究报告的参考文献目录、会议论文、教学指导、书籍和从学前期到博士的教育期刊文章；ERIC 是教育资源信息中心（Educational Resources Infomation Center）的首字母缩写。
Ingenta Connect	数千期刊摘要的汇总。
JSTOR	各学科的全文过期期刊。
LEXIS–NEXIS Academic UNT Verse	新闻报告全文数据库，包括商业、医学、政治、财政和法律，按主题、领域区分新闻报告的一个便捷的来源。
Mental Measurements Yearbook	有关商业信息和评估的测量工具。
NCJRS Database	国家刑事司法参考资料服务数据库，包括刑事司法的出版物概述。
OED Online	20 卷牛津英语词典和补充的全文。
Oxford Scholarship Online	牛津大学出版社图书精选。
Periodicals Index Online	超过 500 本开源期刊的全文数据库。
ProQuest Dissertations & Theses	超过两百万博士和硕士论文的全文数据库。
PsycARTICLES	美国心理学协会期刊的全文数据库。
PsycBOOKS	美国心理学协会出版的图书章节的全文数据库，公共领域的一些有历史意义的书籍和 APA 心理学百科全书。
PsycCRITIQUES	美国心理学协会的专著和电影评论的数据库。
PsycEXTRA	美国心理学协会的"灰色文献"全文数据库，例如在心理学传统同行评议文献之外的会议论文和科技报告。
PsycINFO	美国心理学协会的摘要数据库，可追溯到 1887 年所有心理学领域的摘要。
Sage Journals Online	由 Sage Publications 出版的期刊全文数据库包括心理科学学会的杂志：《心理科学》《心理科学新进展》等。
Science Online	由美国科学发展协会（AAAS）出版的《科学》期刊的全文访问。
Social Science Research Network	一个致力于快速传播社会科学研究的全球学者协作组织。
Web of Science	可以查询自 1989 年至今的心理学及其社会学科引文索引（SSCI）、科学引文索引（SCI）、著作题目和作者姓名的来源。

注意展示 7 中最末一个叫做 Web of Science（科学网）的数据库。如果你需要为一个多元分析或学位论文做更全面的搜索，Web of Science 数据库提供了社会科学引文索引（SSCI）、科学引文索引（SCI）和艺术与人文引文索引（A&HCI）中的记录。如果你想查询曾经在书本上阅读过的一个早期的追踪研究，这些数据库是有用的。一旦你进入 Web of Science 数据库，你可以点击"指南"按钮获得指导，或者你可以点击"全部搜索"按钮（普通搜索）或"便捷搜索"按钮（支持限制题目、人物或地址的高级搜索），这种搜索叫做族谱搜索，适合于查询早期文章或书的原始引文。

下面是其他一些小建议：

· 不要一开始就使用 Google 或 Yahoo 或 Bing 查找，然后依靠从中找到一些论文。这些搜索引擎搜索出来的资料通常不够专业。展示 7 中列出的电子数据库则能够提供可靠得多的专业资料。

· 也有不少学者使用"谷歌学术"（googlescholar）的搜索引擎。

· 如果你进入"谷歌学术"输入一个学者的名字，你会看到他每篇文章的引用数量，这是判断这篇文章的重要程度和有效性的重要方法。你会注意到有些时候这篇文章会有一个 PDF 格式副本的链接。

· 最后，如果你的系里有很多积极的学者，他们中有人可能正在研究你感兴趣的问题。请教你的老师找出这样的人，并询问接近那名老师是否合适。如果答案是肯定的，和这位老师约定时间当面讨论你感兴趣的问题，但要确保先将你想要与之讨论的问题列一个清单，做好基本功课，然后在面谈过程中记下笔记。

2.7 在图书馆做笔记

我们已经讨论了检索摘要和查找原始资料，但是没有说怎样做笔记。如果你有经费，最好的方法是复印需要的资料，但一定要在一个显眼的地方记下你所复印资料的出处，在你第一次获得资料的时候就记下你的想法和评论。拥有这样的笔记能够使你写出精确而结构合理的文章。你可以将你的想法和评论写在复印资料的后面，以便在整理文章时随时翻看、查阅，也便于组织文章的时候随时查阅。对所有你用到的资源做详细的笔记也能帮助你避免无意的抄袭。当你引用但没有表明材料来源的时候，就是无意的剽窃。无意的剽窃意味着你复制了某人的成果但忘记标注或写到你所引用的参考文献中。剽窃是非法的，你应该通过以下三个规则来避免：

    1. 做笔记要准确。

    2. 在引用他人资源时要注意标记。

    3. 不要把其他人的作品变成自己的。

当你记了大量的笔记后，就要站在一定的高度去组织笔记从而使它们连贯。当找到相关的资料时，一些作者喜欢将他们找到的资料记录到一张独立的卡片上。一些人喜欢在 5 英寸 ×8 英寸的索引卡片上记笔记。很多学生发现他们可以在 5 英寸 ×8 英寸的索引卡片上找到所需要的一切信息，这种方法对他们查找信息很有用。如果你有电脑，你可以将笔记打印出来并按逻辑将它们分类组合。每个笔记都要确保材料的所有文献信息均包括在内，包括你的论文参考文献部分所需要的所有信息和引文的页码（在论文的叙述部分引用）。

如果你已经为文献综述写出了提纲（第 5 章的主题），根据提纲给笔记分类。你可以为你的文献综述搞一个文件夹，然后将索引卡片或打印出来的资料归档到文件夹合适的位置中。用这种方法，你可以保持笔记的整体系统性。如果你设计了一套编码来分类这些材料，请保持一致，这会提高你写第一稿时的速度。

做笔记的基本规则是准确，这意味着任何你引述的原始资料都是准确的，包括原文中单词的拼写和标点符号。在本书后面的章节我们会详细介绍引用资料要注意的细节（第 3 章），这里有一些对你有用的建议：

- 尽量尝试着做出周密的计划，从而避免浪费时间和精力去看那些已经看过的书或文章。
- 使用复制或记录比依赖于你的记忆好太多，因为人的记忆是会出错的。
- 确保你的笔记在重新查阅的时候会起到作用。

2.8 资源的信度

并不是所有的信息都是可信的，问题是如何辨识出可信的信息。这个问题之所以难，是因为一个人认为可靠的信息来源不一定被另外一个人认可。学术界解决这个问题的方法是将稿件提交到期刊进行同行评议。一个做得比较差的研究或许也能通过，但是一般来说，与未出版的原稿、科技报告相比，科学家或其他学者会给予经过同行评审的期刊文章更高的评价。教科书同样有评审，但主要是出版商想看看它们是否能卖出去。

任何领域都有一个期刊等级顺序。被一份期刊拒绝的稿件可能会投到其他期刊，直到最后找到期刊出版。顶级期刊上发表的文章不一定比其他期刊中的文章更可靠，但是每个领域那些顶级期刊的文章发表确实是最困难的。在一些情况下，提交给最权威期刊的稿件会有 85% 及以上的可能在同行评审时被拒绝，但是也有一些稿件可能没有评审就被退回，因为依编辑的判断，它们似乎不适合发表在这本期刊上。被引用次数越多的期刊，它们的检索优先级也会被认为越高。这些信息可以通过"Harezing's Publish or Perish"这个网站找到。

然而，一些信息是特别没有可信度的，如来自网络上的言论。事实上，在心理科学中越来越多的论文关注网络，网络为谣言提供了肥沃土壤。因为很难确定你在网上阅读的东西是事实还是谣言，"隔着口袋买小猪"（Buying a pig in a poke[1]）这个寓言适用于解释这种情况。我们能给你的最好的忠告就是：当有疑问时，请向你的老师请求指导。

---

1 这是一个古老的英语习语，它来自一个滑头的人要弄别人的故事。这个人说自己的口袋里有头小猪要卖，而买主居然不看一眼就买下了，回家后才发现口袋里是一只猫。——编者注

2.9 关于文献查找的特别建议

查找文献时，要从实际出发，估计综述中需要多少材料。太少的期刊文章或专著可能导致你的课题基础薄弱，但是太多的资料和过度的期望可能会使你不知所措。作为学生的你，现在首先要学会写一篇必须在有限的时间内完成的课程作业论文。如何在太少和太多之间平衡？在你开始集中的文献查找之前与你的老师交谈一下，询问一下你的计划看起来是否比较容易实施。

下面是一些如何有效地开始文献查找和检索的建议。

· 让老师推荐一些你应该阅读或查阅的关键性著作。即使你对自己的题目已经很有信心，但让老师给予专门的引导能使你避免漫无目的地寻找。

· 不要期望一会儿就能完成你的文献查找和检索。不切实际的期望会使自己过度焦虑并匆匆忙忙地完成任务，而这个任务应该耐心地、有方法地去做。

· 假设你不能在图书馆中找到原著。有些学生反复地到图书馆，日复一日寻找一本书或一篇杂志文章，这时不如让图书馆工作人员帮你找难以找到的资料。如果没有你需要的原著，图书馆工作人员会在另一个大学图书馆查询。然而，资料可能会花很长的时间寄到，那时你可能已经错过了教师规定的最后期限（这种耽搁不是一个能被接受的借口）。

· 如果你正寻找一本专著，你在一个小的公共图书馆很可能找不到，所以不要浪费时间。当学生们花费大量时间在校园外的公共图书馆和书店寻找资料时，他们通常会参考一些普通文章或当下大众市场卖的书和期刊，但是这些很少是专业资源。

· 记着将你查找到的资源和你使用的搜索词做成一个不断增删的检查列表，这样你就不需要反复回头查找。

· 最后，记住玛雅的老师给她的忠告：保持专注！

2.10　图书馆和电子邮件规范

使用图书馆的黄金守则是尊重你的图书馆，并牢记其他人也在使用它。

- 保持安静。
- 不要撕破期刊或书的页面。
- 不要在图书馆里的期刊或书上写字。
- 不要独占资料或机器。
- 在你看完书或期刊后要立即归还。

许多学生对他们可以和忙碌的图书馆研究人员交谈而感到惊讶。虽不敢保证你能得到回复，但是如果你需要通过电子邮件发出请求，下面是一些电子邮件规范。

- 不要问一些在大部分大学图书馆都可以找到的内容，因为它让人们听起来好像是由于你太懒惰而找不到它。
- 在主题框中指出你的邮件信息性质（如"请求复印"），否则它在没有被打开之前就可能被当作垃圾邮件而被删除。
- 不要写太过详细的信息，只要说明你是谁和你"要求"什么（礼貌地表达），并提前表达感谢。
- 不要期望较长的回复。
- 如果你收到了回复，要回信表示感谢。

3
拟订研究计划

　　一旦你确定了目标，下一步就是拟订研究计划。有些教师认为口述计划就可以了，但是大部分教师会要求学生提交书面的研究计划，以确保自己与学生对研究计划的方向或者文献综述的理解一致，并了解每名学生作品的独创性，同时厘清此研究中的伦理问题。由于你将要引用许多原始资料，本章内容将帮助你知悉引用参考资源时使用的 APA 格式。同时，本章内容也针对综述型研究与实证型研究的论文范例。

3.1　确定目标

　　在先前的章节中，我们看到了玛雅是怎样查找与检索原始资料，从而开始研究进程的。展示 8 是玛雅自己的文献综述提出的一些方向。带箭头的直线代表了玛雅所考虑的四种选择。其一是她自己的评述中的调节变量，从劳登布什的文章开始，接着利用 PsycINFO 数据库查阅其他著作（2.4 节）。在 PsycARTICLES 数据库中，不是所有的文章都是可以获取全文的，但是可以通过一些其他电子数据库去获得，也可以通过图书馆，或者咨询图书馆员而获取印刷版本的文章（一些文章可能已经存入了她所在大学图书馆的书库中）。其二是人际期望，将皮特·布朗克（Peter Blanck）的文章（第 2 章展示 4）作为一个起点。此书还给了玛雅第三个选项：关注教育应用。第四个选项则是对相关文献中引起争议的问题的评述。

展示 8 　研究计划中玛雅找到的备选研究方向

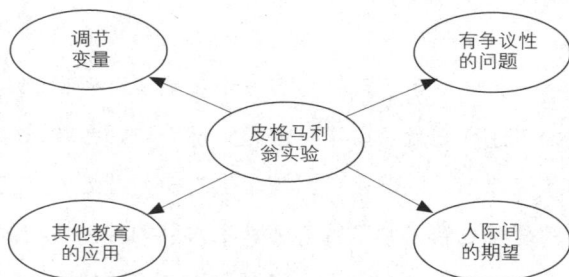

对展示 8 中的四个选项进行思考时，玛雅将所有想法都汇总在一起并形成写作计划。撰写研究计划不单单是告诉老师你想要研究什么，同时也要陈述你计划研究项目中什么是最重要的（例如，你为什么对这个问题感兴趣），还要将你实施研究计划的过程表达清楚。当玛雅关注教育应用时，她可能会阐释一篇文章对在实际操作中控制皮格马利翁效应的重要性。当决定探究有争议性的问题时，她可能会强调理论与方法基础。玛雅是在写一份研究计划（而不是文献综述），所以她只需要少数关键文献来帮助她构想 1 ～ 2 个假设，接着拟订一份有关她将如何做研究、如何分析数据的计划。在拟订研究计划的过程中，她必须要预计并探讨研究中可能涉及的伦理问题。

3.2　教师接受的研究计划如同"协议书"

研究计划意味着你提出一些需要请求认可的内容。因此，研究计划不只是你向老师提出自己意见的单方向交流，也是提出你在研究中可能要遭遇到的问题的机会。你应该将被认可的研究计划当作一份你与老师之间的协议书。毋庸置疑的是，如果你希望做一些重大改变，那是可以向你的老师咨询的。然而，没有必要去预测你综述型论文的定稿或是实证型论文的结论，它们并不是板上钉钉的。预先知道你将会得到的结果，这是不合理的。但是你的老师会通过研究计划了解到你已经对任务有了足够的认识，初步构思了项目的研究方向。有可能研究计划已经概述了一个实证研究，但在做研究的过程中你遇到了一些预料之外的问题。在这种情况下，你就必须与老师讨论这些问题，并在获得老师的同意之后再做修改。

综述型论文的写作计划比实证型研究的写作计划有更多调整的空间。因此，如果计划做实证研究，那么你就需要给教师另交一份书面文件。例如，老师可能会让你填写一份针对研究中伦理问题的表格或问卷，就像大学伦理审查委员会所要求的那样，你需要完成这些表格和问卷。简·多伊（附录 A）同样需要获得饭店主人与服务员的书面同意才可以在那里做研究。老师要求学生讨论的，不只是他们的想法及他们如何得出这些想法，还有这个主题为何值得研究。这样做的目的：（1）激发学生规划与思考他们的任务；（2）激励学生选择他们真正感兴趣的话题；（3）确保这是学生自己的想法。在本书中将会详细阐述第三点，尽管你的研究是建立在他人研究的基础之上，或是先前研究中一部分内容的重复，但是你必须确保研究是你自己的，这一点至关重要。

以实证研究为例，很多教师都倾向于让学生制订重复前人研究的研究计划。理由是可重复性是一个可靠理论的核心原则，同时我们通过进一步界定或拓展理论概念的内涵，改进假设来开展自己的研究与发现。当一个重复实验重复了先前的科学观测或者扩大了被观察的关系，该重复实验就被认为是成功的。如果一个重复实验没有做到重复或扩大先前的观测或关系，该重复实验就被认为是不成功的。有人将科学家比作一个寻找正确的钥匙并探究门背后是什么的人。在一个成功的重复实验中，一个有能力的研究者已经尝试了一把相似的钥匙，并且观测到了门背后一些相似的事物。当研究者说这是一个"失败的"重复实验，这并不意味着接下来的研究不能再次获得原始 p 值。因为 p 值对样本容量（如研究被试的总数）、效应大小和分数的变异等都是敏感的（在第 6 章中我们会详细描述 p 值）。但是重复一个研究意味着关注一个相似的关系或现象。

　　重复有时候是毕业论文和课程项目不可避免的。然而，老师通常期望学生加强研究假设或增加其他创新手段，进而在设计中增加创新性。例如，如果你所重复的研究使用两个水平的自变量，那么你可能就得用三个或四个水平自变量的实验去发现在自变量和因变量之间是否存在线性或非线性的关系。如果你能想到一个变量可以改变自变量和因变量之间的关系（就是一个中介变量），那么你可以围绕这个中介变量的假设设计一个重复研究。或者你可以选择一个不同的因变量测量工具验证一下结果是否比原来的测量结果更具有普遍性。当然，即使研究的是自己的创新观点，你也可以设计一个与原创研究相似的方案。不然，如果需要解释你的结果和以前研究结果之间的一些不符之处，你就会发现自己受到逻辑的约束。如果你为一篇重复研究写研究计划，最好说明计划如何去对比结果。你可能会做一个针对效应大小的定量比较（运用一个简单的元分析），或者基于理论相关特征的定性分析，或者是两者的结合。

3.3　怎样引用原始材料

　　本章后面将通过提供实证型和综述型文章的例子来使你弄清楚在论文中如何引用原始材料。你将会发现两份研究计划在强调的内容上有所区别，但是一个基本的相同之处是它们均使用 APA 格式来引用原始资料。附录 A 中的实证型论文与附录 B 中的综述型论文，都使用 APA 格式来引用原始资料。引用的目的是让读者轻松地识别其来源与其在参考文献中的定位。为了让你熟悉这样的形式并应用于你的研究计划与终稿，我们在这里说明使用 APA 格式写文章时，应如何引用原始资料。

　　APA 格式中对引用材料采用"作者 - 年代"引注法。将作者的姓氏（或是公共机构创始人的名字，或是共同写作的团体）与作品获得版权或发行的年份夹注于行文中。基础准则之一就是，不要在你的参考列表里列出任何你并未参考过的出版物，同时也不要引用了文章却不在参考文献中列出来。但是，也有例外的情况。如果你正在撰写一个大篇幅的参考书目，并且想要列出所有相关的文章与书目，那么就可能会列出一些并没有在初稿中引用的文章。然而，为课程论文编写这样的参考书目是不太可能的。另外一个例外是你引用了未列在参考书目中的个人信息。在附录 B 你可以参考约翰·史密斯论文的例子，展示 9 列出了会在本章剩余部分详细讨论的多种引用类型。

展示 9　引用的类型

引用单一作者
3.3.1 作者名字作为叙述的一部分
3.3.2 文中夹注
3.3.3 引用作者
3.3.4 引用同姓氏的不同作者
引用多名作者
3.3.5 两位作者
3.3.6 三至五位作者
3.3.7 六位作者及以上
文献的二次引用
3.3.8 对于经典著作的二次引用
3.3.9 在同一句中进行两次二级引用

引用单一作者

3.3.1　作者名字作为叙述的一部分

当作者的名字出现在句首或作为叙述的一部分时，要在圆括号内注明出版年份，并跟在姓的后面。如果作者是一个团体或者机构，处理方法同上。

（a）作者的名字出现在句首：

Piaget（1952）called the developmental period of birth up to 2 years the sensorimotor stage.

（b）所有格出现在句首：

Piaget's（1952）theory of development describes the period of birth up to 2 years as the sensorimotor stage.

（c）从句出现在句首：

In the field of developmental psychology, Piaget's（1952）concept of the sensorimotor stage of development（viz., the period of birth up to 2 years）has been highly cited.

（d）团体作者出现在句首：

The National Commission for the Protection of Human Subjects of Biomedical and Behavioral Research（1979）recommended that the Belmont Report be adopted in its entirety.

3.3.2　文中夹注

在作者的姓后面加逗号，并与出版年份一起放在圆括号内。

（a）作者的姓：

In the field of developmental psychology, the sensorimotor stage of development refers to the period of birth up to 2 years（Piaget, 1952）.

（b）团体作者：

The recommendation was that the Belmont Report be adopted in its entirety（National Commission for the Protection of Human Subjects of Biomedical and Behavioral Research, 1979）.

3.3.3　引用作者

当引用内容少于 40 个单词时，就用上述 3.3.1 和 3.3.2 格式，并且引用材料的页码（p.）要加在引用的后面（放在圆括号中）。当有完整段落的引用时，就在出版日期后插入页码。

（a）括号内不标注作者姓名：

In *Aggression and Crimes of Violence*，Goldstein（1975）stated，"Perhaps no area of the criminal justice system is in as much need of revision as correctional facilities"（p.137）.

（b）括号内标注作者和出版日期：

In *Aggression and Crimes of Violence*，the author stated，"Perhaps no area of the criminal justice system is in as much need of revision as correctional facilities"（Goldstein, 1975, p.137）.

3.3.4 引用同姓氏的不同作者

如果引用两个或两个以上的作者有相同的姓氏，则在括号夹注内注明名字的首字母来加以区分。

（a）括号内不注明作者的姓名：

In *Aggression and Crimes of Violence*, J.H.Goldstein（1975）stated, "Perhaps no area of the criminal justice system is in as much need of revision as correctional facilities"（p.137）.

（b）括号内注明作者和出版日期：

In *Aggression and Crimes of Violence*, the author stated, "Perhaps no area of the criminal justice system is in as much need of revision as correctional facilities"（J.H.Goldstein, 1975, p.137）.

引用多名作者

3.3.5 两位作者

每次引用时都注明每位合著作者的姓名。[*]

（英文）引用时，在圆括号内注明两名作者的姓氏，并使用"&"来连接，在正文中，使用"and"连接两名作者的姓名。

（a）括号内不注明作者的姓名：

In their book, *Wittgenstein's Poker*, Edmonds and Eidinow（2001）described a 10-minute argument between Ludwig Wittgenstein and Karl Popper, which has become legendary in modern philosophy.

（b）括号内注明作者和出版日期：

Wittgenstein's Poker, describes a 10-minute argument between Ludwig Wittgenstein and Karl Popper, which has become legendary in modern philosophy（Edmond & Eidinow, 2001）.

3.3.6 三至五位作者

英文第一次引用参考资料时，列出所有的作者的姓氏，最后一名作

---

[*] 中文论文在此种情况时，在圆括号内注明两名作者的姓名，并用"和""与""及"等字连接两名作者的姓名。——编者注

者前面在正文中使用逗号加"and"，在圆括号内使用逗号加"&"，其他作者之间使用逗号"，"；之后引用时，英文用第一个作者的姓随之以"et al."。

（a）首次引用 Shadish, Cook, and Campbell（2002）：

Shadish, Cook, and Campbell's（2002）*Experimental and Quasi-Experimental Designs for Generalized Causal Inference* is a comprehensive overview of recent thinking about threats to causal inference since Campbell and Stanley's classic chapter in Gage's（1963）*Handbook of Research on Teaching*.

（b）再次引用 Shadish，Cook，and Campbell（2002）：

Internal validity implies "the validity of inferences about whether observed covariation between A（the presumed treatment）and B（the presumed outcome）reflects a causal relationship from A to B as those variables were manipulated or measured"（Shadish et al., 2002, p.38）。

3.3.7　六位作者及以上

出现在英文文章中时，只用第一个人的姓氏加"et al."；[*]举个例子，一篇名为 Psychological Science（2010）的文章有 10 名共同作者（J.C.Ziegler, D.Bertrand, D.Tóth, V.Csépe, A.Reis L.Faísca, N.Saine, H.Lyytinen, A.Vaessen, and L.Bloment）。在第一次引用及之后的引用中，其格式均为"Ziegler et al."（2010）或者是"（Ziegler et al.，2010）"。

文献的二次引用

引用且未读过原始版本的资料时，要注明正在使用他人的引用（即二次引用）。只有在原始资料不可用的情况下才能使用二次引用，否则应该尽量参考原始资料，因为二次引用中的资料是否准确是无法保证的。

3.3.8　对于经典著作的二次引用

In Virgil's epic poem,The Aeneid (as cited in Allport and Postman,1947),the following characterization of Fama appears:...

---

[*] 中文文章中，只列出第一名作者的姓名，再加上"等"。——编者注

3.3.9 在同一句中进行两次二级引用

Hasher, Goldstein, and Toppino's finding (as cited in Kendzierski & Markey, 2002) is also consistent with the traditional idea that merely being exposed over and over to the same message,even if it is blatantly false,is usually enough to instill confidence in its credibility (McCullough, Murphy, & Schwartz, 1911, as cited in Baldwin & Baldwin, 2004).

以下是一些补充的条例，其中包含了可能会遇到的大多数情况。

- 如果要引用一系列文献，适当的方式是先按照第一作者姓氏的字母排序，再按照年代排序。如果两个作者的姓氏一样，那就按照名字的字母顺序排（M.Baenninger, 2007, 2009; R.Baenninger, 2003; Brecher, 2009; DiClemente, 2010; E.K.Foster, 2009; S.Foster, 2009; Frei, 2008; Wells & Lafleur, 2007）。

- 引用同一作者同一年的两篇或以上文献时，要在出版年后加 a、b、c 等以示区别（Hantala, 2002a, 2002b, 2002c）。在参考文献部分，当出现同年同位作者一篇以上的文献时，要以文献题目的字母顺序来排列。

- 已经发表但暂未出版的文献，要注明"正在出版"（in press）：（Stern, in press; Terlecki, in press）。在引用同一作者的一系列文献时，规则是将暂未印刷的文献放在最后：（Crabb, 2009, 2010, in press）。在这个例子中，克莱布（Crabb）的三篇文献被引用，其中一篇出版于 2009 年，一篇出版于 2010 年，还有一篇已经录用，但暂未完成出版。

- 如果引用了同一位作者（或作者们）的超过一篇正在出版的文献，就要根据文献题目的字母顺序添加 a、b、c 等后缀。假如迪方佐（DiFonzo）和波迪亚（Bordia）有三篇文章已经发表，但暂未出版。一篇文章的标题为 Inside rumor，一篇标题为 Outside rumor，还有一篇标题为 Gossip and rumor。按字母顺序就应该是：（a）Gossip and rumor，（b）Inside rumor，（c）Outside rumor。引文：（DiFonzo & Bordia, in press a, in press b, in press c）。

- 引用来自网页的特殊文献时，要用类似于印刷材料的格式（如上所示）。如果要引用特定的网址，而非网页中的特殊文献，则要注明网站的地址（即网址）。

最后，如果遇到了上述条例中未标注的问题，只需记住一个中心思想：问问自己是否能够通过标注的引文找到相应的文献。换句话说，文献标注要坚持从方便读者的角度出发。

3.4　参考文献的列表

参考文献列表需另起一页，把标题"参考文献"放在页面顶端的居中位置，并使用粗体，不使用引号，需区分大小写。参考文献的列表将在附录 A、B 中进行例证说明。把第一作者的姓按照字母表顺序以及出版日期来编排参考文献。前缀（von，Mc，Mac，de，du）会让学生迟疑，《APA 手册》有一些这方面的详细规则，当人物被提及时，是否要按照惯例使用前缀。如果你发现自己纠结于这些细微的差别，建议你在增加一些名字到参考文献中时，都统一用名字前面的虚词来进行字母排序。《APA 手册》的标准格式指南如下：

- 转化所有作者的名字（即姓、全名首字母、中间名字的首字母）。
- 作者名的列出顺序要与被引文献标题页上的顺序一致。
- 使用逗号来分隔多位作者，并在最后一名作者之前使用"&"。
- 给出版权作品的年份（对于期刊要提供年份和期号，对于报刊类的文章提供年份、月份和日期）。
- 在书名、书的章节标题和期刊文章标题中，仅标题和副标题的首字母大写。
- 如果所引用的文章来自页码各期续编的期刊，则用圆括号给出期刊号。
- 期刊文章和书或杂志的标题的卷号用斜体印刷。

- 使用第 8 章表 18 里所罗列的邮政简称来标明美国图书出版商所属的城市和州。
- 在第 2 章（第 2.4 节），我们曾提到过 doi 码。如果你引用的内容有 doi 码，那你就要在参考文献末尾不加句点地列出 "doi:xxxxxx"。
- 使用电子检索得到资料，如果没有 doi 码，则应列出资料所属杂志或其他资源的网址。

这些经验规则是为了清晰、一致、完整地引用原始资料。不要在参考文献中提及任何你未在文章中引用过的内容。展示 10 是对本节内容中的例子进行的总结。

展示 10   参考文献类型

著作类书籍
3.4.1   一位作者，一个或多个版本
3.4.2   多位作者
3.4.3   机构作者与出版社名字相同
3.4.4   数字版的印刷书或电子书
待刊作品
3.4.5   作品中未出版的编辑卷册
3.4.6   出版社已录用但未付印的期刊文章
3.4.7   以预印本发布在互联网上的文章
3.4.8   未付印的书中章节
3.4.9   未付印的专著
3.4.10   某期期刊中未付印的专题论文
已出版的编著
3.4.11   一位编者，一个或多个版本
3.4.12   多位编者、多卷、修订版
后期出版的作品
3.4.13   文选的书籍
3.4.14   在一系列多卷文选中的单卷
3.4.15   选集里的章节
文章类或章节类
3.4.16   用卷号来标页码的单一作者的期刊文章
3.4.17   用卷号来标页码的 1 ~ 6 位作者的期刊文章
3.4.18   超过 6 位作者
3.4.19   编著的章节
3.4.20   章节作者的名和姓带上连字符
3.4.21   用卷号标页的百科全书
3.4.22   用期号标页的时事通讯文章
3.4.23   用期号标页的期刊文章

著作类书籍

3.4.1　一位作者，一个或多个版本

写出作者姓的全拼，以及中间名字和名字的首字母，然后给出出版年份，斜体印刷书的标题（标题和副标题的句首字母大写，并以句点结束），出版社的简写名称和地点（使用美国邮政服务系统对各州的简称）。如果这本书有多个版本，则在题目后面用圆括号插入版本号。在下面的

第二个例子中，缩写 EKG（代表 electrocardiogram），因为出现在书名当中，所以都用了大写。

（a）一个版本

Strogatz, S.（2009）. *The calculus of friendship*: *What a teacher and a student learned about life while corresponding about math.* Princeton, NJ: Princeton University Press.

（b）第六版

Thaler, M.S.（2010）. *The only EKG book you'll ever need*（6th ed.）. Philadelphia，PA: Lippincott.

3.4.2 多位作者

格式与以上文献相同，但是在作者名字之间加逗号并在最后一位作者名字之前插入一个"&"号。注意，在第一个例子（两位合著作者）中，出版社所在地不在美国，所以注明了国家名称。

（a）两位合著作者

Stewart, P. J., & Strathern，A.（2004）.*Witchcraft, sorcery, rumors, and gossip.* Cambridge, England: Cambridge University Press.

（b）三位合著作者

Shadish, W.R., Cook, T.D., & Campbell, D.T.（2001）. *Experimental and quasi-experimental designs for generalized causal inference.* Boston. MA: Houghton Mifflin.

3.4.3 机构作者与出版社名字相同

给出机构的全称，当出版社的名字与机构作者的名字相同时，用"Author"（作者）来注明。

American Psychological Association.（2010）. *Publication manual of the American Psychological Association*（6th ed.）. Washington, DC: Author.

3.4.4 数字版的印刷书或电子书

如果你在线检索了电子版的书，就要在题目后面添加"retrieved

from"（检索自）和网址（不加句点）。如果有文件编号（并非下面例子中的情况），就放在标题后的圆括号中（在句点之前）。但出版社及其位置要被电子检索信息代替。

National Commission for the Protection of Human Subjects of Biomedical and Behavioral Research.（1979）. *The Belmont Report: Ethical principles and guidelines for the protection of hunman subjects*. Retrieved from http://ohsr.od.nih. gov/guidelines/belmont/html

待刊作品

3.4.5　出版的但未发表的编辑卷册

一部论文合集或一本书籍已被出版社接受，且正在制作过程中，被称作"待刊"（in press）。把缩写"Ed."（如果是一个编辑者）或"Eds."（如果不止一个编辑者）插入到圆括号内，并跟着一个句点，然后在括号里写上"in press"。这种书在还未完成时就属于待刊状态。一旦书出版了，此版权数据（常写在书名页的背面）就替代了"待刊"状态。

Panter, A. T., & Sterba, S. K.（Eds.）.（in press）. *Handbook of ethics in quantitative methodology*. London, England: Taylor & Francis.

3.4.6　出版社已录用但未付印的期刊文章

已被期刊出版社的编辑官方接受的手稿称为"待刊"。（下面这篇文章已发表，但是我们在这使用 APA 格式引用它，将其视为"待刊"的期刊文章。）

Frei, R.L., Racicot, B., & Travagline, A.（in press）. The impact of monochromic and type A behavior patterns on faculty research productivity and job-induced stress. *Journal of Managerial Psychology*.

3.4.7　以预印本发布在互联网上的文章

根据《APA 手册》的建议，当使用精确的 URL（统一资源定位器）时，表示这些文章是以预印版本"正式发表"了的。你可能会发现预印版的文章常常列出了 doi 码，这是一种 URL 常用的永久性识别号。

Spielmans, G.I., & Parry, P.I.（2010）.From evidence-based medicine to marketing-based medicine:Evidence from internal industry documents.*Journal of Bioethical Inquiry.* doi:10.1007/s11673-010-9208-8

3.4.8　未付印的书中章节

已被书的编者接受，然后再被出版社接受的章节称为"待刊"。注意，不用转化编者的名字，然而章节作者的名字通常要被转化。

Myung, J., Cavagnaro, D.R., & Pitt, M.A.（in press）. Mathematical modeling.In School comparison processes in the physical health domain.In A.T.Panter. & S.K.Sterba（Eds.）.*Handbook of ethics in quantitative methodology.* London, England:Taylor & Francis.

3.4.9　未付印的专著

一本已被出版社接受，并正处于出版筹备阶段的手稿称为"待刊"。

Fine, G. A.（in press）. *Mushroom worlds: Naturework and the taming of the wild.* Cambridge, MA: Harvard University Press.

3.4.10　某期期刊中未付印的专题论文

一篇专题论文是一篇长手稿，杂志出版社会单独把它作为一期正刊或增刊。下面这个例子是指一篇被编辑接受但未付印的专题论文。一旦这篇专题论文被发表，卷号后就会用圆括号来表示期号和增刊或卷号（如果被单独发表）。

Lana, R. E.（in press）. Choice and chance in the formation of society. *Journal of Mind and Behavior.*

已出版的编著

3.4.11　一位编者，一个或多个版本

在编者的名字后，用圆括号插入"Ed."，再跟一个句点，用斜体印刷书名等。

（a）第一版：

Morawski, J.G.（Ed.）.（1988）. *The rise of experimentation in American psychology*. New Haven, CT: Yale University Press.

（b）第三版：

Kazdin, A.E.（Ed）.（2003）. *Methodological issues and strategies in clinical research*（3rd ed.）.Washington, DC:American Psychological Association.

3.4.12　多位编者、多卷、修订版

用带圆括号并跟随一个句点的"Eds."来表示多于一位编者。版次和卷号（即首字母大写的缩写"Vols."）要在标题后用括号标出。如果是第一修订版，就用缩写"Rev.ed."，第二次就用"2nd ed."来表示。

Gilbert, D.T., Fiske, S. T., & Lindzey, G.（Eds.）.（1988）. *The handbook of social psychology*（4th ed., Vols.1-2）. Boston, MA: McGraw-Hill.

后期出版的作品

3.4.13　文选的书籍

在现行版的所有引用后的圆括号里写上原始作品的日期。

（a）现代文选：

Feynman, R.P.（1995）. *Six easy pieces:Essentials of physics explained by its most brilliant teacher*. Reading, MA:Addison-Wesley.（Original lectures from 1961 to 1963）

（b）经典文选：

Demosthenes.（1852）. *The Olynthiac and other public orations of Demosthenes*. London, England: Henry G.Bohn.（Original work written 349 B.C.）

3.4.14　在一系列多卷文选中的单卷

特定的卷号放在标题后的圆括号里。经典作品发表的年份需要在最后标出。

Lessing, G.E.（1971）. *Gotthold Ephraim Lessing: Werke (Vol.2)*. München, Germany: Carl Hanser Verlag.（Original work published 1779）

3.4.15　选集里的章节

选集中经典作品所在的页码要标注在选集标题后的圆括号里，并跟着一个句点。经典作品发表的初始年份需要在结尾的括号中标出。

Pope, A.（1903）. Moral essays: Epistle I. To Sir Richard Temple，Lord Cobham，of the knowledge and character of men. In H. W. Boynton（Ed.），*The complete poetical works of Pope*（pp.157-160）. Boston, MA: Houghton Mifflin.（Original work published 1733）

文章类或章节类

3.4.16　用卷号来标页码的单一作者的期刊文章

在下例中，用斜体来写杂志的名字和卷号（42），并跟上文章的页码（97-108，不用斜体），"doi："的内容后不加句点。

Scott-Jones, D.（1994）. Ethical issues in reporting and referring in research with low-income minority children. *Ethics and Behavior*, 42, 97-108.doi:10.1207/s15327019b0402-3

3.4.17　用卷号来标页码的 1 ～ 6 位作者的期刊文章

在最后的作者名字前放置"&"符号，仅杂志名和卷号用斜体印刷。"doi："的内容后不加句点。

Coppin，G.，Delplanque，S.，Cayeux，I.，Porcherot，C.，& Sander，D.（2010）. I'm no longer torn after choice:How explicit choices implicitly shape preferences of odors. *Psychological Science*, 21, 489-493.doi:10.1177/09567797610364115

3.4.18　超过 6 位作者

在新版《APA 手册》中，如果有 7 位或更多的作者，那么只要列出前六位，并跟随一个逗号和隔开的省略号（...），然后再加上最后一位作者。在下面的例子中，这篇文章是由十位作者合著的。"doi："的内容后不加句点。

Ziegler, L.c., Bertrand, D., Toth, D., Csepe, V., Reis, A., Faisca, L., ...Blomert, L.（2010）.Orthographic depth and its impact on universal predictors of reading:A cross-language investigation. *Psychological Science*，21, 551-559.

doi:10.1177/0956797610363406

对于超过 6 位作者的情况，一些期刊仍然使用旧版的《APA 手册》中所描述的格式，即列出前六位作者，并跟随一个逗号和"et al."。

Ziegler, L.c., Bertrand, D., Toth, D., Csepe, V., Reis, A., Faisca, L., et al.（2010）.Orthographic depth and its impact on universal predictors of reading:A cross-language investigation. *Psychological Science*, 21, 551-559. doi:10.1177/0956797610363406

3.4.19 编著的章节

转化作者的名字，而非编者的名字。在斜体印刷的书名后放置带括号的章节页码（不用斜体），再跟上一个句点。

（a）一位编者：

Zhong, C.-B., Lijenquist, K.A., & Cain, D.M.（2009）.Moral self-regulation:Licensing and compensation.In D.De Cremer（Ed.）, *Psychological perspectives on ethical behavior and decision making*（pp.75-89）.Charlotte, NC: Information Age.

（b）两位编者：

Haynes, S.N., Kaholokula, J.K., & Yoshioka, D.T.（2008）.Behavioral assessment. In A.M.Nezu & C.M.Nezu（Eds.）, *Evidence-based outcome research:A practical guide to conducting randomized controlled trials for psychosocial interventions*（pp.67-93）. New York, NY: Oxford University Press.

3.4.20 章节作者的名和姓带上连字符

作者的名和姓要用连字符来连接，其他信息的表示如前所述。

Perret-Clermont, A.-N., Perret, J.-F., & Bell, N.（1991）. The social construction of meaning and cognitive ability in elementary school children. In L. Resnick, J. M. Levine, & S.B. Teasley（Eds.）, *Perspectives on socially shared cognition*（pp.41-62）.Washington, DC: American Psychological Association.

3.4.21 用卷号标页的百科全书

引用的卷号和页码（不用斜体）要放置在斜体印刷的百科全书标题后的圆括号里。

Foster, E.K.（2009）.Gossip.In H.T.Reis & S.K.Sprecher（Eds.），*Encyclopedia of human relationships*（Vol.2，pp.768-770）.Thousand Oaks，CA:Sage.

3.4.22 用期号标页的时事通讯文章

在斜体印刷的卷号（23）后的圆括号里插入发行号（4，不用斜体）。

Camara, W.J.（2001）. Do accommodations improve or hinder psychometric qualities of assessment？ *The Score Newsletter, 23*（4）, 4-6.

3.4.23 用期号标页的期刊文章

格式同 3.4.22。

Valdiserri, R.O., Tama, G.M., & Ho, M.（1988）. The role of community advisory committees in clinical trials of anti-HIV agents. *IRB : A Review of Human Subjects Research, 10*（4）, 5-7.

非英语出版物

3.4.24 书

非英语单词中，符号（本例中是一个元音变音 Störeffekte）和大写字母都保持不变。在非英语标题后，在方括号里放置书名的英语翻译，不用斜体，并在方括号后跟上一个句点。

Gniech, G.（1976）. *Störeffekte in psychologischen Experimenten* [Artifacts in psychological experiments]. Stuttgart, Germany: Verlag W. Kohlhammer.

3.4.25 期刊文章

应用于文章的非英语标题和杂志名的发音符号和大写字母，其规则是相同的（但是，杂志名不用译成英语）。如果有 doi 码，则按 3.4.16, 3.4.17 和 3.4.18 一样给出"doi："后的内容。

Foa, U.G.（1966）. Le nombre huit dans la socialization de l'enfant [The number eight in the socialization of the infant]. *Bulletin du Centre d'Études et Recherches Psychologiques, 15*, 39-47.

多卷编辑丛书的章节

3.4.26　不同的作者和编者

在斜体印刷的丛书名后面的圆括号里放置章节的卷号和页码。

Kipnis, D.（1984）. The use of power in organizations and interpersonal settings. In S. Oskamp（Ed.）, *Applied social psychology*（Vol.5, pp.171-210）. Newbury Park, CA: Sage.

3.4.27　相同的作者和编者

注意，要转化章节作者的名字，但是当作者也是丛书章节的编者时，相同名字不用转化。

Koch, S.（1959）. General introduction to the series. In S. Koch（Ed.）, *Psychology: A study of a science*（Vol.1, pp.1-18）. New York, NY: McGraw-Hill.

大众传媒的文章

3.4.28　杂志文章

年、月（如果是按月出版）、日（如果出版时间比按月的频率高）放置在圆括号里，圆括号后跟着一个句点。如果知道卷号，就用斜体表示，并跟上页码。

Csikszentmihalyi, M.（1996, July/August）. The creative personality. *Psychology Today*, 29, 36-40.

3.4.29　报刊文章（署名）

文章的所有页码都要写上，出现在文章的间断页中的页码中间用逗号隔开。

Carey, B.（2010, May 18）. Can an enemy be a child's friend? *The New York Times*, pp.D1, D6.

3.4.30　报刊文章（无署名）

当作者名字没列在报纸文章或社论里时，用文章标题来引用作品，并按照字母表顺序——参考书目标题的第一个重要单词进行排序。在下例中，"toast"是第一个重要的词。

A toast to Newton and a long-lived "Principia." （1999, October 11）. *The New York Times*, p.F4.

字典或百科全书

3.4.31 字典（无署名）

字典或百科全书上的封面上没有作者的名字，引用作品标题并且按标题的第一个重要单词的字母顺序排列。

Random House dictionary of the English language.（1966）. New York, NY: Random House.

3.4.32 百科全书（多于一卷，处于两地的两个出版社）

在百科全书主编的名字后，插入带圆括号的"Ed."，并跟上一个句点。标题后跟上一个带圆括号的卷号，然后加上句点。在本例中，百科全书的封面上列出了处于两地的两个出版社。

Kazdin, A.E.（Ed.）.（2000）. *Encyclopedia of psychology*（Vols.1-8）. Washington, DC: American Psychological Association. New York, NY: Oxford University Press.

博士论文或硕士论文

ProQuest Dissertations & Theses（学位论文全文数据库）（在第 2 章的展示 7 也有呈现）是 3.4.33 和 3.4.34 所用的营利性数据库。文献的标题使用斜体，紧接着在圆括号里写出文献类型，数据库的名称，最后在圆括号里写出在数据库中该文献使用的识别编码（没有句点）。

3.4.33 博士论文，来自商业数据库

Foster, E.K.（2003）. *Researching gossip with social network analysis*（Doctoral dissertation）. Available from ProQuest Dissertations & Theses.（AAT1465792）

3.4.34 硕士论文，来自商业数据库

Roeder, M.B.（2009）. *Emotional influence on cross-modal attentiaonal*

capture（Master's thesis）. Available from ProQuest Dissertations & Theses.
（AAT1465792）

3.4.35 博士或硕士论文的打印副本

在引用博士或硕士论文的打印副本时，题目使用斜体，写上"未发表的博士论文"（Unpublished doctoral dissettation）或"未发表的硕士论文"（Unpublished master's thesis），再注明大学和地点。注意在第二个例子中，题目依旧使用英式拼写（"organisational"），有些拼写检查程序会试图将其"纠正"，但是"organisational"在这里是正确的拼写。

（a）美国的大学：

Mettetal, G.W.（1982）.*The conversation of female friends at three ages: The importance of fantasy, gossip, and self-disclosure.*（Unpublished doctoral dissertation）, University of Illinois, Urbana.

（b）美国以外的大学：

Hunt, E.（2000）. *Correlates of uncertainty during organisational change.*（Unpublished master's thesis）. University of Queensland, St.Lucia, Queensland, Australia.

其他未发表的资料

3.4.36 未公开出版的学术报告

用斜体来排版未公开出版的学术报告的标题（不是通过电子方法检索到的），其后用圆括号注明报告编号或其他识别信息（不用斜体），再写上发行报告的单位地点和名称。

LoSciuto, L.A., Aiken, L.S., & Ausetts, M.A.（1979）. *Professional and paraprofessional drug abuse counselors: Three reports*（DHEW Publication No.79-858）. Rockville, MD:National Institute on Drug Abuse.

3.4.37 来自个人网站的未发表的手稿

用斜体来设置来自个人网站的未发表手稿的标题，其后注明"未发表的手稿"（Unpublished manuscript）和 URL（最后不用加句点）。

Strick, M., Dijksterhuis, A., Bos, M.W., Szoerdsma, A., van Baaren, R.B., & Nordgren, L.F.（2009）. *A meta-analysis on unconsciuos thought effects.* Unpublished manuscript retrieved from www.unconsciouslab.com/publications/Paper_Meta.doc

3.4.38　准备中的手稿

说明"手稿在准备中"（Manuscript in preparation）和作者所属的机构或地址。

Mithalal, C.（2010）. *Protocols of telephone therapy.* Manuscript in preparation, Institute for Telephone Therapy, New Rochelle, NY.

会议和专题研讨会

3.4.39　在会议中展示的论文

注明会议的月份，论文标题用斜体设置，并指出发起会议的组织名称和会议地点。

Hantula, D.A.（2010, May）. *A risk too far:Behavioral economics of escalating commitment to a failing course of action.* Paper presented at the meeting of the Association for Psychological Science, Boston, MA.

3.4.40　主持研讨会中的报告

研讨会的题目使用斜体，论文陈述的题目则不用。

Higa-McMillan, C.K., Daleiden, E.L., Pestle, S.L., & Mueller, C.W.（2008, November）.Evidence-based practice and practice-based evidence:Using local and national data to encourage youth provider behavior change in a public mental health system.In L.D.Osterberg（Chair）, *Implementation of EST's in clinical service settings:What do services look like following dissemination efforts*? Symposium presented at the meeting of the Association of Behavioral and Cognitive Therapies, Orlando, FL.

3.4.41　会议海报

格式同 3.4.40。

Bess, J.P., & Hantula, D.A.（2010, May）.*Going for broke？Staying in the game？Sunk-cost effect depends on measurement*. Poster presented at the meeting of the Association for Psychological Science, Boston, MA.

3.4.42　已发表的会议记录

在下面第二个例子中，文章是以电子方式获得的，因此可以用获得途径来代替发表者的地址和名字。

（a）不是通过电子方式获得的：

Esposito, J.L.（2005）."Primum non nocere":An oath for survey practitioners? *Proceedings of the fifth QUEST Workshop*（pp.151-165）.Heerlen, Netherlands:Statistics Netherlands.

（b）通过电子方式获得的：

Esposito, J.L.（2005）."Primum non nocere":An oath for survey practitioners? *Proceedings of the fifth QUEST Workshop*（pp.151-165）.Retrieved from www.quest.ssb.no/meetings/200504workshops/529286_bookmarks.pdf

影音媒介

3.4.43　电影

在每一位主要贡献者后，用圆括号标出个别贡献，并在斜体的电影名后的方括号里插入"电影"（Motion picture），之后注明出产国（主要制作和发行电影的国家）和电影制片厂。

Zinneman, F.（Director）, & Foreman, C.（Screenwriter）.（1952）. *High noon* [Motion picture]. United States: Universal Artists.

3.4.44　电视广播

关键是你要尽力提供识别广播的足够的信息，不要遗漏任何重要的识别细节。

Doyle, W.（Producer）.（2001, November 3）. *An American insurrection* [Television broadcast]. New York: C-Span 2.

3.4.45　音乐唱片

下例中包括了艺术家的名字、出版日期、唱片名、录音人、唱片集的名字（Mahler-Bernstein）、记录媒介（CD、磁带、录音带等）和地点等信息。

Mahler, G.（1991）. Symphonie No.8. [Recorded by L.Bernstein & Wiener Philharmoniker]. On *Mahler-Bernstein* [CD]. Hamburg, Germany: Deutsche Grammophon.

仅能以电子方式获得的资源

3.4.46　从 PsycINFO 数据库检索的摘要

老师常认为你已经阅读了你所引用文献的全文，但如果仅引用你从 PsycINFO 数据库中获得的文献摘要，APA 格式要求给出 URL。因为 URL 常常足够详细，我们建议你提供完整的引用并且说明"摘要引自 PsycINFO 数据库"。

Stupak, N., DiFonzo, N., Younge, A.J., & Homan, C.（2010）.Social sense:Graphical user interface design considerations for social network experiment software. *Computers in Human behavior, 26*（3）, 365-370.Abstract retrieved from PsycINFO.

3.4.47　开放访问的电子期刊中的文章

开放访问意味着这个电子期刊对任何网民开放。URL 在引用的结尾处呈现（没有句点），对该文章感兴趣的人可以凭此途径来获得这篇文章。在下例中，该文章是由 PLos Medicine 的一个编写团队所著的。

PloS Medicine Editors.（2009, Sept）.Ghostwriting:The dirty little secret of medical publishing that just got bigger. *PloS Medicine*, 6, Issue 9, e1000156. Retrieved from http://www.plosmedicine.org.static/ghostwriting.action.

3.4.48　限制访问的电子期刊中的文章

限制访问意味着只有订阅该数据库的人或机构才能获得该文章。

Lewandowski, Jr., G., & Strohmetz, D.B.（2009）. Actions Can speak as loud as works: Measuring behavior in psychological science. *Social and Personality Psychology Compass, 3*（6），992-1002.doi:10.1111/j.1751-9004.2009.00229.x

3.4.49　从网站检索的资料

列出资料的网站主机或机构提供者，后面写上文档或资料的日期（用圆括号，圆括号后加一个句点），然后是文档或资料的标题（加句点），最后是检索日期和 URL（没有句点）。

Social Psychology Network.（2010, April 28）. Free Offerings from SPN sites. Retrieved from www. socialpsychology.org/free.htm

3.5　综述型研究的研究计划书

展示 11 显示了综述型论文的研究计划（开题报告）的一种形式。写作计划应该条理清晰，通过缜密的逻辑线来阐述你的主题。在约翰·史密斯写作计划的第一段中，他陈述了目前所展望的综述目标，清楚地说明了当他对这个研究有了更深入的理解时，目标可能将会有一些改变。约翰展现了他在脑中如何将研究从梗概（"对比两个领域的理论"）到具体内容［"聚焦霍华德·加德纳（Howard Gardner）的研究理论"］进行有序整理的过程。

在他写作计划的下一个部分，即背景部分，约翰告诉我们他是如何获得写作计划的灵感的，并接着开始考虑相关的资料。虽然现阶段还不能考虑所有的方面，但他开始尝试去做研究计划。令人注目的一点是，约翰展示了属于他自己的想法，同时老师对他的写作任务中的创新性问题做了调和。约翰在挑选参考文献方面是值得认可的，他有一个寻找与检索更多相关信息的明确方向。在下一部分，他说明将使用 PsycINFO 数据库和其他线上数据库来收集任何与他的研究相关的资料，从而继续推进研究。然而，他巧妙地描述了下列情况，即学院与其他课程的要求限制了他为这个研究所能阅读资料的数量。

约翰把自己全名写在了每一页的页码旁边，这样如果有任何一页不小心分离了，每一页上面的名字就成了一个"安全装置"。约翰给老师留下邮箱地址和其他联系方式，便于老师和他交流，防止出现老师找不到他的情况。研究计划的结尾是参考文献列表。对于这份研究计划书，我们得出这样的印象，约翰已经将大量精力和思考投入到写作中，并且切实掌握了自己的既定目标。

展示 11　综述型研究的研究计划书范例

约翰・史密斯 1

综述型研究的研究计划书
约翰・史密斯（电子邮箱地址或其他联系方式）
（提交的日期）

综述的目标

文章准备比较人类智力特征的两个理论方向。其一，假定 g 因素是智力有效指标的核心，例如韦氏成人智力测验（WAIS）。其二是多元智力假定，传统的测验无法测量这种假定下的智力。针对后者的观点，本研究计划关注霍华德・加德纳（Howard Gardner）的多元智力理论研究。

研究背景

斯克兰德（Skleder）教授关于智力概念的演讲激发了本人对这个课题的兴趣。她描述了她对加德纳的人际关系智力这方面的研究。利用图书馆的在线目录，本人在大学图书馆找到了一些加德纳的著作（Gardner，1983，1991，1993a，1993b，1999）。阅读之后，加上本课的教科书（Kaplan & Saccuzzo，2009）与其他的参考资料，本人的理解是：他的工作是挑战占据心理学和教育学领域优势地位的传统智力观点的运动的一部分。其他认为智力测试不包括多元智力的心理学家有罗伯特・斯滕伯格（Robert Sternberg）（1985，1988，1990）和斯蒂芬・J.西希（Stephen J.Ceci）（1990，1996；Ceci&Liker，1986）。

传统的智力理论强调一般智力因素（称为 g 因素）是智力与智商测量的通用标准（Spearman，1927），而后者的观点则是假定有多种相互区别的智力因素。加德纳（1983）指出了七种不同的智力类型：逻辑数学智力、语言智力、空间智力和人际关系智力等。根据本人有限的阅读，我发现一些有争议的问题，因此计划做一份文献综述。卡普兰（Kaplan）与萨库兹（Saccuzzo，2009）指出，"在测量领域中，智力测试是最难以企及的"（p.230），本人将以这些有关智力的不稳定的观点作为重要的主题。

文献查找策略

这门课程的教科书有很长一部分是关于智力的讨论（Kaplan & Saccuzzo，2009），像上面提到的一样。我已经开始对补充的阅读材料进行阅读和记录。浏览图书馆的书籍，本人发现了教育百科中有关智力测试的文章（Gilbert，1971）。这篇文章指出智力概念多年来处在争议当中。我也计划使用 PsycINFO（和其他数据库）去搜索相关文章。

我学习了心理统计课程，相信自己能够理解查阅到的资料中那些基本的量化研究信息。下面是我迄今为止找到的相关书籍和文章。尽管由于还要完成其他课程作业的压力，我可能只浏览了其中的一部分。欢迎更多有关研究材料的建议。

参考文献

Ceci, S.J.（1990）.*On intelligence...moreorless:A bioecological treatise on intellectual development*.Englewood Cliffs, NJ:Prentice Hall.

Ceci, S.J.（1996）.*On intelligence:A bioecological treatise on intellectual development*（Expanded ed.）.Cambridge, MA:Harvard University Press.

Ceci, S.J., &Liker, J.（1986）. Academic and nonacademic intelligence:An experimental separation.In R.J.Sternberg & R.Wagner（Eds.）, *Practical intelligence:Origins of competence in the everyday world*（pp.119–142）. NewYork:Cambridge University Press.

Gardner, H.（1983）.*Frames of mind:Thetheory of multiple intelligences*.New York:Basic Books.

Gardner, H.（1991）.*The unschooled mind:How children think and how schools should teach*. New York:Basic Books.

Gardner, H.（1993a）.*Creating minds:An anatomy of creativity seen through the lives of Freud, Einstein, Picasso, Stravinsky, Eliot, Graham, and Ghandi*.New York:Basic Books.

Gardner, H.（1993b）.*Multiple intelligences :The theory in practice*. New York:Basic Books.

Gardner, H.（1999）.*Intelligence reframed :Multiple intelligences for the 21st century*. New York:Basic Books.

Gilbert, H.B.（1971）.Intelligence tests.In L.C.Deighton（Ed.）, *The encyclopedia of education*（Vol.5, pp.128–135）. New York:Macmillan & Free Press.

Kaplan, R.M., &Saccuzzo, D.P.（2009）.*Psychological testing:Principles, applications, and issues*（7th ed）. Belmont, CA: Wadsworth/Cengage learning.

Spearman, C.（1927）.*The abilities of man*. New York: Macmillan.

Sternberg, R.J.（1985）.*Beyond IQ:A triarchic theory of human intelligence*.New York:Cambridge University Press.

Sternberg, R.J.（1988）.*The triarchic mind:A new theory of human intelligence*.New York:Viking.

Sternberg, R.J.（1990）.*Metaphors of mind:A new theory of human intelligence*.New York:Cambridge University Press.

3.6 实证型研究项目的研究计划

展示 12 显示的是实证型研究项目的写作计划的一种形式。与展示

11 的范例一样，简·多伊一开始就阐明了她的研究目标。在下一部分，她从实践的角度展开讨论此研究的重要性。她也解释了对于此研究的想法是怎样萌生的，她又是为何对此感兴趣的。她的陈述再次强调了研究的独创性（正如约翰·史密斯的研究计划）。她大致描绘了她将要验证的假设，而后一步步向我们展示她的思维逻辑。在下一部分，她阐述了她所要使用的研究方法。

在方法部分简首先提到：在获得指导教师允许之后，她联系了可以进行研究的当地餐馆。她将研究性质告诉了餐馆老板和服务员并获得了书面同意（这需要写在研究计划中）。一旦研究计划被通过，简就能开始进行研究。她的三个实验假设推理充分且陈述清晰，这说明了她有动力且足够勤奋。简想得越周到，指导教师的评论越能够集中并且能够继续引导她向着目标前进。如果你计划编制问卷或进行访谈，在研究计划中写出你要询问的语句，那么指导教师就会给你一些针对于此的建议。

方法部分首先介绍了被试，简说明了为什么确定样本量为 80 桌晚餐客人。在讨论将采取的实验步骤时，她也描述了在实验中随机选择服务员的四个条件以及每一种条件下特定的程序。而后她从解释因变量如何测量开始，对研究结果进行评分与统计分析。在如何处理由于效应不足而得到的结果不显著方面，她提到了指导教师给她的有效建议。在预测研究的过程中，简展现了她对数据分析的理解能力。文章中有一些关于伦理方面问题的简短讨论。有的教师会要求学生填写一份由学校的审查委员会（IRB）提供的标准表格或问卷。简的研究计划后面附上了她引用的研究的列表。

这个研究计划的详细程度反映出她达到这一阶段花费了不少的时间，且不止一次地与指导教师进行探讨。她即使有问题也不会羞于向老师请求更多的指导，因为她非常勤奋、积极，精力充沛且目标明确。

展示 12　实证型研究项目的研究计划书范例

简·多伊 1

实证型研究项目的研究计划书
简·多伊（电子邮箱地址或其他联系方式）
（提交的日期）

研究目的

本研究计划在餐馆进行随机、自然的实验，调查服务员为客人提供饭后甜点是否影响客人给服务员小费的行为。我设置了一些处理条件，以便调查当提供更多的甜点给客人后建立了服务者友好的印象时，或者当甜点的提供意味着服务者的慷慨和友好时，小费是否会相应增长。

背景和假设

根据美国劳工统计局的统计（2010—2011），在 2008 年有 2 381 600 名工作者从事服务员行业。这个工作大多数是兼职，"吸引了很多年轻人来到这个职业"。这个夏天我在缅因州奥岗昆特的一家餐馆做服务员。当林德（Rind）教授谈到他已经做过的关于小费行为的自然实验研究时（Rind & Bordia, 1995, 1996），我想到这个题目可能也适合我的研究项目。林德教授给我推荐了一篇琳（Lynn, 1996）写的文章和由盖瑞提和加尔曼（Garrity & Degelman, 1990），霍尼克（Hornik, 1992），琳和迈尼尔（Lynn & Mynier, 1993），及蒂德和罗卡德（Tidd & Lockard, 1978）写的关于餐馆小费的其他文章。在上学期的社会心理学课程中，我了解了互惠理论，这个理论看起来与我正在做的研究有关。

上面提到的文章的研究结果显示：更友善的服务者可能获得更多的小费。例如，说话友善或面带笑容等技巧会增加小费行为的比率。我计划在此基础上增加一个让服务员留下友善印象的简单操作，即服务员亲自为每一位客人提供一份免费的巧克力甜点作为饭后款待。结账给小费的时候，分为对照组（即没有饭后甜点组）和三个实验组（如下所述）进行比较。

三个实验假设将被验证。我的第一个假设是提供给每位客人一份甜点（称为 1 份条件）会增加小费。第二，假设这个效应是递增的，为客人提供两份甜点（称为 2 份条件）与控制组比会进一步增加小费。第三，因为人们常常觉得有责任报恩（Regan, 1971），我假设多提供一份甜点反映了一部分服务员的慷慨，因此服务员将得到更多的小费（称为 1+1 条件）。总之，我预测小费会在控制条件从"1 份条件"变为"2 份条件"再到"1+1 份条件"依次增加。

研究方法

被试

初步和林德教授讨论了研究计划并获得继续下一步的准许之后，我询问了一个拥有餐馆的熟人是否能在他那儿开展研究。附于本计划后的是餐馆老板的书面准许和女服务员的参考同意书。他们也同意让我们随机将 80 桌客人分为 4 个条件。根据统计效力应用表，三个简单效应的 t 检验的统计效力接近 0.80（这是可接受的水平）效力值，接近 $r=0.5$ 的水平。

程序

四种条件（控制、1 份、2 份、1+1 份）被写在 80 张卡片上，每一张卡片对应四个条件之一。卡片被弄混并交给服务员，服务员在做实验之前从她的围裙口袋里摸出一张。服务员有一篮子小巧克力。在控制条件下，服务员出示账单，谢谢用餐者，然后迅速离开桌子以避免一些不必要的交流。在剩下的三种条件下，服务员提着甜点篮子行动。在 1 份甜点条件下，服务员

简·多伊 2

让各桌客人每一个人自己选一样，在他们选完之后谢谢他们，然后离开桌子。在 2 份甜点条件下，服务员给每个人两份甜点，在他们选择完之后谢谢他们，然后离开。在 1+1 份甜点条件下，服务员给每个人提供一份甜点，然后说，"哦，再吃一份吧"，从而制造这种款待是一种考虑后的慷慨的印象。在客人离开餐馆之后，服务员在对应的卡片上记录该桌客人的小费数、税费和晚餐花费。

记分和统计分析

因变量是小费比率，即小费数额除以税前账单的数额，然后乘以 100。基本的结果以平均数、95% 的置信区间和标准差的形式报告。三个独立样本 t 检验被用于每一个处理条件（1 份、2 份、1+1 份）和对照组条件的对比，并报告信度大小和 95% 的置信区间。

林德教授认为实际观察到的效应值不会和 $r=0.5$ 一样大，在那种情况下我就不会得到效力为 0.8 的结果。尽管我不能提高总样本量（因时间有限以及要征得餐馆老板和服务员的同意），林德教授建议我将 t 检验作为总的方差分析之后的一个后测检验。这种选择将证明集合方差和每一个 t 检验的相关自由度（$df=N-K=80-4=76$）。对 t 检验中得出的效应大小相关，像在教材中描述的一样，自由度仍然由被比较的组定义（$df=n_1+n_2-2=20+20-2=38$）。

林德教授也建议我计算 1×4 对比 F（或 t）值去测量小费比率从控制条件到 1 份条件再到 2 份条件最后到 1+1 份条件增加的假设（分别使用变异量 −3、−1、+1、+3）。我也认识到报告一个总体方差分析无法验证我的特定假设，但是方差分析的汇总图表是表明对比 F 从总的组间平方和分离出来的一种方法。我可以使用已经学到的统计程序做总体方差分析，而且它是获得组内方差的一个简便方法。

伦理考虑

该研究涉及一个小小的"欺骗"，因为我没有让客人意识到他们正参与一项实验。但是，因为并没有潜在的危险，所以，我没有打算向他们说明。我不能询问吃饭的人是否同意"参与一个实验"，因为那样会损坏实验的效果，从而得出没有科学意义的结果。同时我也同意当我上交我最终的研究报告时，向餐馆老板和服务员说明完整的详细结果，不在任何研究报告中提到他们的名字或餐馆的名字，并且所有小费都归服务员所有。

参考文献

Bureau of Labor Statistics.（2010–2011）. *Occupational outlook handbook*. Retrieved from http://www.bls.gov/oco/ocos162.htm

Garrity, K., & Degelman, D.（1990）.Effect of server introduction on restaurant tipping. *Journal of Applied Social Psychology, 20*, 168–172. doi:10.1111/j.1559–1816. 1990.tboo405.x

Hornik, J.（1992）.Tactile stimulation and consumer response. *Journal of Consumer Research, 19*, 449–458.Retrieved from http://www.jstor.org/stable/2489401

Lynn, M.（1996）. Seven ways to increase servers' tips. *Cornell Hotel and Restaurant Administration Quarterly, 37*（3）, 24–29. doi:10.1177/001088049603700315

Lynn, M., & Mynier, K.（1993）.Effect of server posture on restaurant tipping. *Journal of Applied Social Psychology, 23*, 678–685. doi:10.111/j.1559–1816. 1993.tb01109.x

Regan, D.T.（1971）.Effects of a favor and liking on compliance. *Journal of Experimental Social Psychology, 7*, 627–639. doi:10.1016/0022–1031（71）90025–4

Rind, B., & Bordia, P.（1995）.Effect of server's "thank you" and personalization on restaurant tipping. *Journal of Applied Social Psychology, 25*, 745–751. doi:10.1111/j.1559–1816.1995. tb01772. x

简·多伊 3

Rind, B., & Bordia, P.（1996）. Effect on restaurant tipping of male and female servers drawing a happy, similing face on the backs of customers' checks. *Journal of Applied Social Psychology, 26,* 218–225. doi:10.1111/j.1559–1816. 1916.tb01847.x

Tidd, K., & Lockard, J.（1978）. Monetary significance of the affiliative smile: A case for reciprocal altruism. *Bulletin of the Psychometric Society, 11,* 344–346.

3.7　伦理道德因素

如上所述，简·多伊有关伦理问题的讨论是简短的，但是其他研究计划书可能需要更详细的讨论或需要填写、备案签过名的标准表格。学生也可能被要求提供一个更强的逻辑依据或是其他相关信息。教师要求对伦理问题详细讨论的原因是伦理责任是研究中每个部分的重要考虑因素。伦理责任的绝对要求是：①作为研究者，你应该保护被试的尊严、隐私和安全；②你的研究技术基础牢固（不会浪费宝贵的资源，包括被试的时间和精力）；③研究不会以任何方式对被试或这个社会产生危害。

下面一些具体的问题会帮助你思考研究的伦理原则：

- 对被试而言是否会有一些心理和生理伤害的风险？你计划怎样避免这些风险？
- 你在研究中会使用一些欺骗手段吗？如果使用，真的有必要这样做吗？你能想出一种避免使用欺骗手段的方法吗？如果你认为必须要使用双盲法，你计划怎样询问被试并且如何保证此过程的有效性？
- 如果你计划使用志愿者被试，那么你将怎样招募他们，怎样保证招募工作的真实性、有效性与非强制性？你计划怎样获得参与者同意并确保参与者了解他们在任何时候都可以自由退出而不受到任何惩罚？
- 为了确保数据的机密性，你将采取哪些步骤？

3.8　韶光易逝

在完成老师布置的论文时，时间总是过得飞快的，所以下面有两条最后的建议：

1. 准时上交你的研究计划书。教师们也是非常忙碌的，他们（像你一样）也要规划他们的工作。很晚才上交计划就好比你向导师舞动红色旗帜发出错误信号一样。这种红旗信号表明你的研究既清楚明了又无须与导师交流，可惜事实往往恰恰相反。

2. 一定要精确。在刘易斯·卡洛尔（Leuis Carroll）的《爱丽丝镜中奇遇记》（*Through the Looking-Glass, and What Alice Found There*）中，爱丽丝遇到了"矮胖子"，他使用了一个词，爱丽丝说，她不明白。矮胖子傲慢地微笑说："当然你不能理解——除非我告诉你⋯⋯当我使用一个单词时，它的意思总是恰恰等于想表达的意思——既不多也不少。"和矮胖子不同，你没有这个权利告诉导师"用它或者不用它"。如果你的初稿不够精确，你将不再有机会和时间重新上交研究计划书了。

4

实证型论文的写作规划

心理学实证型论文的基本结构已经发展变化了很多年。在这一章中，我们会描述附录 A 范例论文中的结构。虽然大多数实证型论文的形式是相似的，但是你需要确定所撰写的实证型论文是描述型、关系型还是实验型的。熟悉这些内容将有助于你在写作中组织思路和做好规划。

4.1　三类研究取向

在你开始研究以及进行数据分析的时候，就要考虑最后如何撰写论文。研究方法教材通常都会讲数据收集和数据分析，我们假设你已经掌握了这些技巧。关于撰写论文，最主要的是思考怎样以清楚明白的语言表达：①你做了什么；②你为什么这么做；③你发现了什么；④你的发现意味着什么；⑤你得出什么样的结论。

研究方法的教材通常会清晰地区分各种研究策略的差别，例如，实验室实验、真实情景实验、样本调查、案例分析及档案研究。除了以上这些类别，另一种区分方法是将研究分为三种宽泛的类型或取向，即描述型、关系型（也叫相关型）和实验型。每种取向都有自己的目标与局限。理解这三大取向在讨论结果与得出结论时具有重要作用，因为这能够使你在解释结果与得出结论时避免超出研究的既定目标与固有范围。

在进行人类心理研究时，描述型研究的目的通常是详细描述人是怎样感知、思考或行动的。换言之，这种取向的研究目标在于描述"变量的特点"。在定性研究中，这种描述可以以叙述的形式体现；在定量研究中，这种描述则可以用数量与统计数据的方式展现。在以上两种情况下，对于结果的理解将受到描述型取向这一前提的严格限制。当然，一些以关系型与实验型为主的研究中也包含描述性信息，这是相当常见的。例如，在简·多伊的实证型论文（附录 A）中，引用官方实验室统计数据时，论文就展现了描述性的信息，阐述了在美国餐厅中有超过两百万个服务员的事实。

　　关系型取向的研究，其研究目的是定义变量间的关系。例如，简·多伊研究的是服务员的收入与性别、种族、年龄等变量之间的关系。在关系型研究中，我们常常不只对关系的大小（例如，指出变量间的相关）感兴趣，还对关系的模型感兴趣。我们想要探究变量间是否是直线关系（线性关系），是否呈曲线关系而非直线关系（如 U 型、倒 U 型或其他模型）。换言之，关系型取向研究的目的是对"一个变量是怎样与另一个变量相联系的"进行定量描述。有些关系似乎能够合理地解释为因果关系，这时，撰写关于关系的结果部分要避免掉进因果关系的陷阱，这是非常重要的。这些关系的具体信息通常通过相关系数、置信区间来体现，但通过数据绘图来查看关系的形式也常常是十分重要的。

　　实验型取向研究的研究目的是发现一个变量（Y）是否随着另一个变量（X）的变化而有规律地变化，也就是不仅要知道"一个变量是怎样与另一个变量相联系的"，还要知道"哪个变量是因，哪个变量是果"。在关系型研究中，解答"哪个变量是因，哪个变量是果"这一问题的关键，在于可能有一个未知变量（Z）导致了 X 与 Y 变量间具有统计性的关系。数学家约翰·保罗斯（John Pauls）曾在他的《数字盲》（*Innumeracy*）中提到过有关这个三变量问题的例子，儿童的拼写能力与其脚的尺寸相关，即他们的脚的尺寸（X）越大，他们的拼写能力（Y）就越好。显然，用脚的尺寸去推测儿童的拼写能力是不合理的。这其中就有第三个（合成）变量导致了 X 与 Y 之间的统计关系，即儿童的年龄与受教育经历。年长儿童脚的尺寸更大，拼写的能力也比年龄较小的儿童要好。

再看第 2 章中玛雅的文章，通过想象她是怎样形成描述型、关系型与实验型的研究设想，我们可以使三大取向的内容更为充实。你可能记得玛雅正在考虑成为一名教师。我们假设她对在校学生学业失败的研究特别感兴趣。如果是描述型研究，就去观察哪个学生的班级行为表现较差，并极尽详细地描述出其行为。详细的描述往往是开展一项研究的第一步，但只有描述是完全不够的。终有一天，会有人想知道为什么会出现这个结果，或者这个结果与其他事件或情境有何关联。

举一个关于关系型研究的例子：训练有素的观察者对每个学生样本做相同的观察。这些班级的学生充分代表了学生总体，我们想要得出的就是有关学生总体的相关性结论。例如，这些观察者可以记录下每个学生看起来是否学到了什么，同时老师看起来是否在教给学生一些新的东西。从同等的观察中，我们可以量化学生可接收的学习材料的数量与他们真正掌握的数量之间的可能关系。

假设学生可接收的信息越少，则学到的越少。基于这一关系的发现，我们被"学生学得少是因为教得少"这样的结论所误导。这虽是有理可循的假设，但是作为统计结果就有所不妥。原因在于老师本就会给予学习能力较弱的学生较少的指导。换言之，可能是由于学生学习能力的不同，导致教师的教导行为有所差异。像这样的难题通常发生在希望得出显著效应的多变量实验中。

例如，玛雅可能选择一些学生样本，并随机分为相似的两组。其中一组将得到教师较多的信息，另一组则较少。接着她可以评估哪组学生学到了更多。如果两组存在差异，她就要着重于探究"学到多"与"学到少"的差异。对于获得较多信息就能促进学生学习这一现象仍存有疑点——到底是额外的材料，提供材料时教师更多的关注、目光交流、微笑、温和做法，还是教师其他的行为导致了这个促进学习的结果，这些可能性都需要关系型与实验型的观察研究来进一步探究。

4.2 研究计划的基本结构

当研究做到这个时候，一些研究结果意味着什么，得出逻辑合理的结论代表了哪种取向，这些问题的答案就已经清楚了。关于研究设计、方法与分析的特定研究策略的具体内容请参考你的研究方法教材。**无论怎样的研究取向和研究策略，写出优秀论文的关键在于，在阐释一开始提出问题时，你个人的思想观点要具有逻辑性。**为了促进这种逻辑性，同时培养阅读文献与归类文献的能力，研究计划的基本结构包含以下部分（脚注、表格、附图、附录被归类放置在最后）：

标题页

摘要

引言

方法

结果

讨论

参考文献

脚注

表格

附图

附录

不是所有实证型论文都包括这些部分。例如，不是所有论文都使用脚注、附录或是图表。教师通常会期望实证型论文包括：（1）摘要；（2）引言；（3）方法；（4）结果；（5）针对结果的讨论；（6）参考文献。但是简·多伊的初稿除了以上六个部分，还包括了其他部分，你的老师也许需要你调整成其他结构，或是希望你从图表中报告一些结果而不仅仅是给出一张表格。在第8章中描述了怎样写出实证型论文终稿，在那里我们将阐述更多关于标题页的内容。通过阅读简·多伊的论文的标题页，我们便能预测她讨论部分的内容。接下来，我们将关注在论文中怎样撰写上述列表中的其他部分。就像简·多伊一样，你需要将自己最终的手稿交给老师。因此，在本章中将阐述严格的 APA 格式是怎样的，并以简·多伊的实证型论文为例。

4.3　摘　要

　　撰写摘要的目的是向老师提供终稿的概要。尽管摘要应放置在论文的最开始（即紧跟着标题页之后），但是它却需要你在写完论文其他部分后，最后去完成。摘要是论文的一个简明概括，可以认为它是提取了论文中所覆盖的重要观点的简明段落。在第 2 章中，斯蒂芬·劳登布什的文章概要可谓 APA 格式摘要（2.4 节中的表 6）的典范。这就是《APA 手册》所描述的"密集的信息"。也就是说，劳登布什文章的摘要提取了他文章中的一些细节，并且强调了一些关键词（例如教师期望、皮格玛利翁实验与学生智力），这能够让阅读者通过搜索关键词更便捷地找到他的文章。

　　《APA 手册》罗列了撰写摘要的四个要点。第一，摘要需要准确地报告研究的目的与内容。第二，摘要只是报告文章的信息而不对此进行评估。评估应该放在文中的结果讨论部分。第三，摘要不应该使用术语。第四，摘要不能长篇大论，应该简洁且观点鲜明。论文的摘要最好仅用一句话来描述研究目标或目的。不同杂志对摘要的字数要求不同，但一般都在 150 到 250 字之间。作者需要在摘要中报告研究的被试、方法、结果与结论。在附录 A 的范例中，简概括了研究的基本原理、做了什么、发现了什么及她所预测的各种关系，研究的局限和对未来研究的建议也都包含在讨论之中。

　　当你完成了文章的其他部分开始写摘要时，尽量简明、有条理、清楚、准确地回答以下这些问题：

- 我研究的目标或目的是什么？
- 我用了哪些主要的方法？
- 研究被试都有哪些？

·我主要发现了什么？

·从这些发现中我得出了什么结论？

·在不详细展开讨论部分的同时，如何用一句话阐明论文末尾讨论到的本研究的局限性？

关于方法、结果和结论的更多细节和具体陈述会在论文的正文中列出。需要记住的是，摘要的目的是让读者先了解你的论文的主要内容，这也就是它出现在文章一开头的原因。

4.4 引 言

引言部分要介绍你研究的基本原理，并为读者理解你所选用的研究方法奠定基础。在写引言的时候，想一想你的课题的历史或者研究背景，以及你怎样从这样的背景出发过渡到你的假设或问题。要以证据为基础有逻辑地阐述你研究的目标或目的，以及你所预测的内容。通过这种方式，你就为自己的研究目的与假设打下了基础。如果你的研究是预备对先前研究进行改进，假设是 A 学者进行的研究被由 B 学者进行的研究所批判，B 学者指出 A 的研究在方法论上有严重缺陷。像这样的陈述，"A（1990）报告了研究时间的影响，但是这个实验由于方法上的缺陷被 B（1992）批评"，这就不是一种好的以证据为基础的行文。因为它没有充分地描述出 A 的研究的影响，也没有辨别出 B 所批评的方法上的缺陷。这样的陈述虽然简洁明了但是不够准确，也不够充分。它只是对相关文章的松散堆砌，没有证明你对所引用内容的理解，也没有证明它如何支持一种特殊的观点或陈述，这就属于缺少证据基础的论点。

我们来看看简是如何做的。在文章的开始，简先引用了一个描述性的结果来作为她强调获知（促进小费行为）技巧重要性的基础。她在接下来的段落中遵循着第一段的思路，准确并简洁地归纳了一系列先前研究。这样，读者就能轻松地跟上作者的思路。有的学生只是简单地总结前人所支持的结论，但是没有列出研究者使用的证据来支持他们的主张。而简巧妙地引入了她的三个假设。她没有认为这是不言自明的，相反地，她是一步一步地使读者（即教师）了解她的每个假设背后的理由。这样的引言是充分的，因为它不但陈述了问题，同时提出了假设，这使得方法部分自然而然地被引出。

同时，这样的阐述方式强调了文章主题的学术意义。这样的方式显示出她采取了以证据为基础的论证，强调了她研究的价值以及假设的逻辑基础，层层递进，贯穿始终。简清晰简明而又引用恰当地描述了以往的研究成果。当来到方法部分时，你的读者会想到"对，当然，这就是研究者不得不去回答的问题"，那就意味着，你成功地写出了一份很好的引言。在写引言时，下面有一些问题你需要想清楚：

- 我研究的目的是什么，因为什么理由我认为这一特定的问题如此重要？
- 我的研究怎样基于或源于其他的研究？
- 我的假设、预测或期望是什么，其逻辑与证据基础有哪些？
- 如果有不止一个假设，怎样将所有假设联系起来以保证引言的完整性与关联性？
- 引言写完后，是否清晰地显示出，我所做的实证研究确实能回答我想要回答的问题？

4.5 方 法

你需要思考怎样详尽地叙述自己研究所使用的方法（研究过程、被试的特点、实验设计、使用的材料，等等）。简按照惯例将方法部分细分为"被试""工具"和"实验设计与研究程序"几个小部分。当然，如果你已经有了一个清楚的、更有逻辑性的、更灵活的方式描述你的研究，那么就可以不遵循这些固定的划分。《APA 手册》提出了一些方法部分的分段方式，除了简提到的三个部分外还有可能包括"抽样过程""样本容量、代表性、精确性""测量工具"等。

在论文的第一节（见附录 A），简向我们说明了参与其研究的被试：顾客与服务生。她使用字母 n 来代表晚餐顾客的样本数量（n=20），在四种情境下，每组人数范围在 2 到 12 人，每桌客人的平均人数在 3 到 4 之间。当说明了实验的性质后，细节部分就必须做到尽善尽美。在其他一些的研究中，文章需要提供更多有关被试特点的细节，从而使研究结果在特定人群范围内能够得以推广。例如，如果你的研究是针对某个特定年龄、特定民族、特定种族群体的，就必须在这方面进行详细说明。在许多研究中，提供每一组被试年龄的平均值、男女数量等其他人口学信息，这些都是恰当的，并且当你在论文的讨论部分论述结果的可推广性时，你也可以从这些细节中轻松地提取信息。

大部分的实验招募的是"机会样本"（Opportunity Sample），即研究者所能找到的第一批被试个体，而不是使用特定的大批样本，比如在民意调查中使用的那种。研究者一直假设抽取的样本是有代表性的，研究目的是对总体的普遍概括。然而早在 1940 年代，著名的心理学家奎恩·麦克马尼尔（Quinn McNemar）就指出人类行为科学已经在很大程度上变成了"大学二年级学生的行为科学"了，因为心理学专业学生在选取被试时过多地抽取了这部分人群充当被试。选取大学生作为被试来代表"一般人"，不但在年龄、智商、社会阶层上无法对等，而且大学生也可能更具敏感性并受到任务的指向性暗示［这被称为"需要特征"，几年前由马丁·T. 奥恩（Martin T. Orne）提出］。近年来，方法学家对于志愿者被试的特征颇有兴趣，猜想志愿者被试常常与非志愿者被试不同并且指向某些特定的结果（约翰·史密斯在他的论文中对这一想法进行了讨论，详见附录 B 中标题为"智力测验的两个问题"）。所以关键就是考虑你的研究结果的普遍性是否会受到特定群体（而不是一般人）的限制，因此，一定要对样本进行描述，并且在你讨论部分也要再次进行讨论。

简·多伊的论文的下一部分描述了她在研究中所要使用的工具（巧克力），并且告诉我们她是怎样随机地将每个特定的情境分配给各个实验组的。如果你计划使用量表或标准的测量工具，这就需要提供有关你使用的量表和标准测量工具的效度、信度及使用方法的信息。即使你使用的是常用的标准测量，也最好用简短的几句话来说明，因为这样的描述会告诉教师你理解所用测量工具的特点和测量的目的。例如，你使用的是马克·斯奈德（Mark Snyder）的自我监控量表，1974 年他发表在《人格与社会心理》（*Journal of Personality and Social Psychology*）期刊的文章中阐释了这个量表。再如，你在勃里格斯（Briggs）、谢克（Cheek）和巴斯（Buss）的文章中（于 1980 年发表在同一期刊中）知道了他们发现马克·斯奈德的自我监控量表有三个维度。在你的论文中，可以这样写：

被试填写了斯奈德的 25 个项目的自我监控量表（snyder 1974）。此量表的最初目的是测量自我控制和自我观察，但是勃里格斯、谢克和巴斯发现这个量表实际上测量了三个不同的因素，也就是外倾性、其他的指向性及行动。外倾性代表在小组中成为注意焦点的倾向性；其他指向性是指一个人为了适应其他人，是否愿意改变自己的行为；行动即是否喜欢及擅长言谈和娱乐。

另外，假设你需要报告的仅仅是一种特定的测量工具的特点而不是追踪其研究的结论，你可以用一句话来简单介绍这种工具。例如，你使用约翰·T. 卡乔波（John T. Cacioppo）和理查德·E. 佩蒂（Richard E. Petty）的量表来测量认知需要，即他们在 1982 年的《人格与社会心理》杂志中所讨论的。

被试填写了卡乔波和佩蒂（Cacioppo and E.Petty's，1982）的认知需要量表，该量表包含了 18 个项目，主要测量被试思维的集中程度。

如果你知道某种测量工具的信度和效度，就要把这些信息（包括适当的引文）报告出来，而且要具体。不能仅仅说"信度是 $r=0.05$"，而不指出是"重测信度"（test-retest reliability，测量工具的稳定性）、"分半信度"（alternate form reliability，测量工具不同部分的等价程度）还是"内部一致性信度"（internal-consistency reliability，当项目或组成部分被用于给出一个单一分数时，单个项目或组成部分的相关程度），不然这种报告是很模糊的。描述效度时也要采用相同的规则来进行，报告出你所描述的效度是展示 13 中列出的哪一种。

展示 13 在研究和评估中使用的效度

结构效度	是指一个测量工具实际测到的所想要测量的理论结构和特质的程度，或是指测量分数能够说明的某种结构或特质的程度。
内容效度	是指一个测量工具实际测到的内容与所要测量的内容之间的吻合程度。
效标效度	测量工具与现在（共时效度）或未来（预测效度）的结果相关联的程度。
外部效度	对于不同人、环境、操作或研究结果，推测其因果关系的普遍性。
表面效度	一种测量工具在多大程度上清晰地刻画了它意图测量的东西。
内部效度	一种变量引起一种特殊结果的因果陈述的可靠程度。
统计结论效度	统计结论的正确性。

简的论文中研究方法的最后一部分就是研究和执行程序的细节。在准备这一部分内容时，要描述研究设计程序的所有重要方面。比如，你设计的是一个随机实验吗？如果是的话，实验设计的特点是什么？［例如，是组内设计（between-subjects）还是组间设计（within-subjects）？是单维（one-dimensional）的还是多因素设计（a factorial design）？］怎样随机化？如果你采用一些其他的设计，那又是什么？如果你采用一个准实验设计（quasi-experimental design），你怎样处理非等组（non equicalent groups）的问题？如果采用相关设计（correlational design），你必须说明第三变量的问题——"第三个变量"与你的两个主要变量相关的可能性，就是将它们联系在一起的原因。论文中还需要讨论的一些其他的具体问题，通常能在研究方法教材中找到。不要留下任何可能误导读者的细节，这是很重要的。

4.6 结 果

接下来的论文，你将阐述研究发现的结果，简是以讲述怎样对数据进行计分和定义因变量开始的。然后她就进行了具体的报告，并以在每种实验条件下总的结果开始。她以表格的形式呈现基本的数据，这样那些爱较真的读者就能够重新计算结果。简解释了为什么使用某个统计检验——这个检验没有解释她所预测的问题。她这样做是为了核对一些其他的结论，也为了表明她理解数据分析的其他方面。在接下来的部分，简报告了其他的数据分析。在每个例子中，她都解释了研究假设与她选择的特定统计检验的关系。简对于得到的结果的讨论从概括到具体，就像任何一篇好文章那样具有整体性和逻辑性。在第 6 章中，我们将描述报告量化结果的 4 个基本标准，简的结果部分就是这四项标准的一个范例：①清晰；②准确；③精确性；④有足够多的细节能够让读者得出自己的结论。

在第 6 章中，我们将更详细地介绍表格和图表的使用。如果你计划使用表格或图表来说明问题，那就不要让读者猜测它们，充分解释表格和图，同时也要充分地讨论图表中数据呈现出来的结果的含义。在你的叙述中不用重复描述表格或数据中每一个单一的结果，但是要讲清楚这一结果的含义。当你规划撰写研究结果部分的结构时，请自问：

- 我发现了什么？
- 如何详细地说出我所发现的？
- 这是我要准确表达以及切入的要点吗？
- 我所陈述的内容读者清楚吗？
- 我是否遗漏了一些重要的方面？

学生们经常会问的问题是他们怎样报告统计检验（如 t 检验、F 检验、卡方检验）以及诸如效应大小、集中量的测量（如平均数、中数）和差异量的测量（标准差和方差）才足够精确。正如简的论文那样，一般情况结果是保留两位小数，但计算过渡性结果时不要过多地缩位。简展示了她所计算的两位小数以上的中间结果。对于精准度的要求，使得简没有对中间结果做四舍五入。假如你是美国国家航空航天局的一名工程师，你要努力计算出到火星的载人飞行任务所需的燃料量，计算数据过于四舍五入可能会把宇航员发射到不知名的星球，成为不可能完成的飞行任务。

许多学生被 p 值怎样呈现这个问题困扰，报告"有显著统计差异"或"无显著统计差异"是不够全面的。对于 t 检验、F 值检验和卡方检验，许多教师要求他们的学生报告在有显著统计差异的基础上给出具体的显著水平。假设你的老师没规定论文中的 p 值是 2 或 3 位小数，那你就会有很多选择。一种可能是列出一串零，例如"$p=0.000\ 000\ 25$"。另一种可能（简所使用的）是使用更简洁的科学计数法来呈现非常小的 p 值。如果不报告 $p=0.000\ 000\ 25$，你可以写成 2.5×10^{-7}，"-7"就告诉读者，从 2.5 向左数 7 位小数。如果你在统计表中找 p 值，那你只需写出 p 小于或大于特定的数值。按照惯例是加星号，即用星号表示 p 值达到了何种水平的显著程度而不只是显示 p 值。在简的文章的表 2 中，她使用了星号来指出 F 检验是差异显著的，即 p 值小于 0.001。

在第 6 章中我们会阐述更多有关报告统计结果的内容，但是我们不想留给你"统计结果的值与 p 值都是需要报告的"这样的印象。《APA 手册》提醒我们，这只是一个出发点。提供更多相关信息是极为重要的，例如效应量，可能的话，还有置信区间。我们需要报告充足的信息才能使对此感兴趣的读者能够独立地得出她 / 他自己的结论。同时也有一些需要避免的内容，例如将 p 值"不显著"等同于"零效应"。在第 6 章中我们会对这些基础问题进行详细讨论。

4.7　讨　论

数据分析完后你有了大量的关键性数据，讨论部分的目的就是去解释结果数据的含义，这些结果是怎样与你的研究假设联系起来的，与你在引言中的问题又有何联系。如果你有其他观点或得到预期之外的结果，也要在讨论部分阐述。此时，就一定要强调这些想法并非你收集数据之前的有效假设，而是在你观察了数据后产生的，是暂定的假设。

有一个关于神箭手的波西米亚古老传说，如果神箭手能够教会国王也成为一个神箭手，他就能够得到这个王国。神箭手让国王站在树丛旁边观看。每一棵树上都用粉笔画了一个圈，每个圈里都有一支箭，当国王走近时还有一支箭插在圈里颤动。然而神箭手对国王说："留着你的帝国吧，我的射箭技巧就是我先射箭再画圈。"同理，将你暂定的假设当成你的有效假设也需要一些小技巧，当然这样做或许是有误导性的，也是不合规矩的。

这并不是否定暂定的观点或是意外的发现，这些可能会非常有价值。这些观点或发现通常被称为"意外收获"，它们的确是在研究中偶然得到的结果。意外发现在科学研究中其实是极为常见的。1967 年，有个涉及发现脉冲星的著名案例：在英国，一位剑桥大学的学生注意到星空中有"一点杂物"后，便开始分析外星球噪声的记录图。一开始，她认为这只是一次意外的（中子星）自转变快或者说是一个例外，但是她却发现了规律。她幸运的意外发现证明了在超新星爆炸中恒星的解体导致了残留的中子星急速旋转。当然，偶然发现并不局限于科学发现。另一个有名的案例是乔治·德·梅斯特拉尔（George de Mestral），他在野外散步时想取下落在夹克上面的欧龙芽草，却发现这种草有许多很小的钩状物，使它嵌得很牢。他立刻受到启发，发明了一种可以帮助人类解决生活小麻烦的东西：魔术贴。以上故事是想告诉你要始终仔细观察、放开思维，去发现那些未预期的结果，并且从创新的角度去思考它们。

前面章节中，我们提到引言部分是基于证据提出研究问题，那么在讨论的部分仍然要以证据为基础进行争论，但你必须"保守地"去写，即研究者必须养成一个习惯：在报告结果时要始终做到自我支持。我们要问自己那些爱怀疑的读者站在你论点与结论的对立面时会察觉到什么问题，我们要用较温和的方式撰写讨论部分，尽力去减少那些可能的爱怀疑的读者的抗辩。这是极具挑战性的，因为这需要研究者脱离自己的研究，并且站在一个未被说服的观察者的角度，去批判性地指出研究的缺点与不一致性。所有的研究发现都有其局限性，我们要在讨论部分探讨一些局限性而不是一味地强调研究结论。你也可以请一个聪明的朋友帮忙，让他听听你讨论中想要争论的问题或者得出的结论，从而帮助你批判性地找到漏洞。

当你规划在讨论部分要撰写哪些内容时，需要考虑下列问题：

- 我的研究目的是什么？
- 我的研究结论与研究目标是怎样联系的？
- 存在有趣的或者意外的发现吗？
- 我的发现具有有效性和普遍性吗？
- 这些发现有意义吗？
- 是否有可替代的方法来解释我的结果？
- 我的结果是否引发了一些新问题？

如果你认为你的研究发现具有更长远的意义，要把对未来具有研究意义的结果与讨论部分分开。因此有的研究者就添加一个独立的部分，叫做"结论"，或者你可以将讨论部分分为几节并以结论这一小节结尾。但是无论放在什么部分，你都应该尽可能精确、清晰地描述研究的结论。

4.8　参考文献

一旦你开始规划写论文的正文，请再次思考你的参考资料。引用与参考所有对你文章有所裨益的文献是非常重要的，而放弃引用你不需要的材料也同样重要。大体上来说，你需要将你认为可能需要的材料列一张表，包括准备研究计划阶段和落实研究阶段。你参考的每篇文章、章节以及书都必须在参考文献部分列出来，同时每个参考文献都必须在你的文章中有所引用。如果在最后的时刻，你发现需要重新核对作者、标题或特定书目的出版社，你可以使用美国国会图书馆官网查询。如果你需要核对期刊文章卷号或者文章的页数，你可以在 PsycINFO 数据库上查找这些信息。

4.9　结尾材料

顾名思义，结尾材料就是参考文献之后所有的材料。在简的论文中，有一份附录、作者页、一页脚注列表和两个表格。如果你的结尾材料包含一个或多个图示，就放在结尾材料的表格后面。有时候教师允许学生把图表放入叙述性的文章中。只有在一些信息无法插入到叙述性文章中时才能使用脚注。在简的论文中，虽然她示范了怎样用 APA 格式撰写脚注，但是其脚注内容其实是可以放入文章中的。如果你的教师对你没有更多的要求，你可以借用简的文章作为你终稿的模板。

在简的论文中，附录的目的就是提供那些在结果部分不适合提及，但是能为结果增加一些细节的内容。硕士和博士论文在一般情况下也包括原始数据和研究材料的附录，以方便后继研究者查看（例如用来借鉴分析方法）。然而有的教师可能更偏好要求学生用电子文件分别上交这些内容。如果你需要一项标准的统计程序来分析数据，你的教师可能让你做一份打印稿，并把它简要地陈列在实证型论文的附录部分。但是无论你的教师是否需要附录，保存你的所有注释和原始数据都是很重要的。直到你的教师把论文批改完后返回，并获得课程成绩之前，你都要保存好原始数据以免教师对你的研究产生疑问。现在用电子文件保存原始数据和稿件是非常方便的。

4.10　组织你的思路

实证型论文的标准结构需要一个总的提纲来体现文章的完整性。然而，大多数研究者发现在最初打草稿前，组织每个部分的思路是必要的。以下是几种组织思路的方式。

- 你可以在草稿纸上列出论文包含的部分，设定提纲框架，经细化后，拟订具体提纲。要学习更多有关提纲的知识，请阅读第 5 章，它可以在写综述型论文时使用；它也能在你组织思路时提供有效指导。

· 对你想要说明的每个主要论点，在每个独立的索引卡上进行注释（如研究的基本原理、每个假设的起源及研究背景），然后把这些卡片反复分类直到对初稿的每个部分梳理出一个清晰的方向。

· 你可以把这些笔记做成电子文件，然后反复地剪切、复制、粘贴，直到你认为它们为你的初稿提供了一个逻辑框架。但是如果有很多这样的笔记，你可以将笔记打印在不同的纸上，用卡片编成索引进行分类和再分类。

如果你仍很难组织自己的思路，那就把你的想法录下来。然后带着录音去散步，边听边想。另一种可能的方法就是找一个朋友，向他述说你的发现。不管你喜欢什么样的方法，确保你的笔记和资料是准确和完整的。如果把你阅读的内容做成摘要或分段，那么必须提供一个完整的引文；如果你引用了某人的陈述，一定要注明引用，并确保你对它的引用是准确的，还应当写出页码（准确地引用页码是必要的）。

5
综述型论文的组织

当你准备开始写综述型论文时，第一步是形成一个粗略的提纲。文章形式的要求可以帮助你在构思时提炼自己的观点，有了更多思路之后，你就可以准备更加详细的提纲。如果在写初稿前你没有提纲，至少在写作时应该有一份。就算还达不到逻辑井然、层次分明，但提纲会使写作过程中那些薄弱的部分——浮现，你可以再对其进行修正。

5.1 为什么需要一份提纲

当你开始构思综述型论文的初稿时，先要根据想法列出一个提纲，这些想法就是如何以系统的方式组织你的材料，从而能够引领读者通过论文引言、论文的每个章节，最后得出和你一样的结论。不同于实证型论文（第4章）坚持传统的章节安排，综述型论文（元分析综述除外）在总体结构上是灵活的。《APA手册》告诉我们在一篇元分析综述中应该包含什么内容，这里我们讨论的综述型论文是像附录B中由约翰·史密斯所写论文那样的。像他的论文一样，你的最终稿要有一个标题页，一个摘要，然后是陈述的内容，之后是参考文献，有可能还有些脚注（约翰列举了三条），最后是一些你想加进去的表格或图表（约翰有一个表格和一个图表）。基于论文中想展开的论据和论点，综述的主要内容会被分为几个章节，这些章节把读者由引言带到最终结论。

　　回头看第 3 章（3.1 节）的展示 8，玛雅为她的提案草拟了几个选项。在提交方案之后，她做了以综述目的为前提的关于这个提案的注解：记下她所有阅读和想到的。在为最终论文草拟一个初步方案时，她可能已经想到要做一个由皮格马利翁实验到有关调节变量的更详细的综述，后面的章节便聚焦于特定的调节变量，然后展开对相关争议问题的论述，最后由一系列结论结束。另一种做法可能是由皮格马利翁实验开始，然后对应教育方面的应用将论文细分为几个章节，最后由她的结论结束。第三种做法可能是由皮格马利翁实验开始，然后聚焦于对人际期望的研究结果，之后是对意义和结果的讨论。所以，有许多写作思路可供玛雅选择，具体选取哪一种取决于玛雅考虑的作为实验设计基础的文章的整体方向。这里的三个思路代表了大部分综述型论文的选择范围。一旦作者选定了一个思路，它就变成了这篇论文的结构框架。用更多的细节充实这个结构框架会使这个粗略的提纲逐步变成一个详细的提纲。

　　至少要有一个提纲，哪怕是粗略的。这就好比在一个陌生的地方，在没有地图的前提下驾车从 A 点到 B 点。你可能一直是在绕圈，把自己搞得心烦意乱，因为你耗尽了按时完成任务所需的动力和精力。有一个条理分明、逻辑井然、现实可行的提纲，你就可以知道你的观点和内容要指向哪里。一位老师这样写道："一些学生的综述型论文读起来像研究的目录，没有实际的组织结构。先一段写 A 的研究，接着又一段写 B 的研究，随后又是一段写 C 的研究。"像这样的文章表明学生在开始写作之前没有大纲结构。

　　草拟一个粗略的提纲，你可以像玛雅那样做，从不同思路组成的一系列提纲开始。另一种方式是按时间顺序把你想阐述的研究拟成一个初步提纲，这能体现研究观点是以什么样的时间顺序演变发展的。还有一种可行的方案则是把支持某一假设的若干研究结果综合到一起，再把支持另一个假设的若干研究结果综合到一起。怎么做完全取决于你想在自己的论文中展开的论点和论题。

5.2 促使你开始的策略

到现在为止，关于综述型论文列提纲需要做什么，我们已经为你提供了一个整体思路，现在是时候制订一个坚持做下去的策略。当检索和阅读参考资料时，你可以用非正式的大纲组织自己的观点。如果选择这种策略，你可以通过比较和对照的方法，把各种文献归类。还可以将所查阅资料中的观点结合，以此调整内容，充实自己的课题研究。像科幻电影中那样，先出现一团零散的东西，然后逐渐从分散的形态中形成具体形状，即使是最粗略的大纲，经耐心梳理后也会变得具有层次性和逻辑性。你不必一次就将文章组织好。事实上，你通常需要休息、出去散散步，做些其他的事情，以便能以新的思路再次思考这个问题。记住，你需要按层次将相似的观点组织起来，然后再按写作的需要对其扩展和修饰。

- 将大纲写成非常详细的目录，某些特定部分可以成为设置标题和子标题的基础。
- 通过寻找有趣的引文来激发灵感（看看约翰在他论文第三页开头的引用）或者，像简·多伊在论文中做的那样，给出一个简洁的事实（"超过两百万的人在美国餐厅从事服务员的工作"）。为吸引读者的目光，你可以把引文或简洁的事实（像约翰和简做的那样）纳入论文的开头。
- 另一个技巧是想出一个概念、象征或类比，你可以用其作为其他联系的展开点（同样有可能在你的论文中会用到）。在附录 B 中约·翰史密斯使用了一个在电影院中放映不同的电影作为类别来描述说明自己的文献综述中有关多元化方向的讨论。然而，正如玛雅的导师所告诫的那样，"保持专注"。你的写作到了这个点上，你就会想要开始做提纲。之后，所用的象征、比喻或类别可能会帮助你最终确定你的文章的写作基调。

在写论文初稿之前，修改和完善初始提纲是个好的做法，能在最大程度上优化论文的结构。随着观点的改变，论文结构是能够修改的，所以如果你的想法改变了并且想修改自己论文的结构，不要羞于去询问老师。一定要就主要的改变咨询老师，不能到学期末的时候给老师呈现一篇与他之前认可的方案相比面目全非的论文。

5.3　粗略的大纲

第一份大纲也许仅罗列出你论文所涵盖的内容条目。你可以思考此列表，将其搁置一两天，然后再想想。问自己如下问题，这样会有助于你的写作。

- 我想怎样开始？
- 我想要得出什么结论？
- 对这两种争议的观点，我如何取舍？
- 在每一部分，我想要强调什么？
- 我可以使用哪些注释、例子和名言？
- 我怎样安排细节，怎样排序？

仔细参考附录 B 中约翰·史密斯的论文，你可以发现以上问题的痕迹。假如我们回想约翰怎样拟订论文的结构，会发现他是基于以下内容而起草的：

1. 指出智力概念存在争议，此术语以多种方式使用，对某些可接受的假设也可用其他的方式进行解释；
2. 提出对智力测量中潜在问题的质疑；
3. 综述传统智力理论（以单因素为中心）研究的方向和历史，及出现的多种倾向；
4. 解释加德纳的多元智力理论；
5. 综述针锋相对的观点；
6. 总结主要的观点及对未来方向或深入研究的展望。

以上这些方面足够令约翰去思考每个部分的细节，从而形成翔实的大纲。接下来，他需要梳理思路以确保论证的逻辑性和连贯性。粗略的大纲可采取不同的形式，但在精细的大纲中就要设置标题，并写下流畅、意思完整的句子或段落，以便以此为基础展开后续的写作。

5.4 大纲中的想法罗列形式要一致

对于翔实的大纲，无论你是按照标题、句子还是段落进行写作，你定好形式后应保持一致性。换句话说，你在大纲中罗列的各层想法形式应是一样的。在下面列举的大纲片段中，想法清晰但一致性却不足。

Ⅰ. 什么是智力？以一般因素为中心是什么意思？包括哪些内容？

Ⅱ. 两种观点

 A. 传统的由智力测验任务所提出的一般智力因素。

 B. 斯皮尔曼（Spearman）的心理测量学的贡献。

 C. 追随皮亚杰（Piaget）的发展心理学家对一般智力结构的争论。

 D. 钟形曲线（The Bell Curve）。

上述大纲将问题、标题、观点和书的标题混杂在一起。这样的大纲将干扰写作思路的逻辑性和论文的连贯性。请将以上无条理的结构与下面有条理的结构对比。

Ⅰ. 智力的两种观点

 A. 传统取向

 1. 智力测验各个任务提出的一般智力因素（斯皮尔曼）

  a. "以一般因素为中心"的智力假设

  b. 继承性问题

2. 心智一般结构的观点（皮亚杰）

　　a. 永久性的发展变化程序

　　b. 生物关联

3. 社会意义（赫恩斯坦和默里）

　　a. 主张

　　b. 有争议的假设

　　第二份大纲比第一份大纲大为提升，不仅因为各层观点使用了相同的形式，也因其排列方式具有逻辑性。可以看出第二份大纲更精细，更吸引人，也更容易展开后续的论文写作。

5.5　将自己的观点有序罗列

　　为了创作出好的文章，无论你是使用主题、句子还是段落组成的详细大纲，都应尽量采用"自上而下"的策略整理资料，按照从"最一般的事实或想法到最具体的事实或实例"来罗列。在上面第二份大纲中，你可以清楚地看到这种一致性的格式。一级标题"Ⅰ.智力的两种观点"是最一般的。二级标题"A.传统取向"在某种程度上比较具体。三级标题"1.智力测试各个任务提出的一般智力因素"更加具体了，四级标题"a.'以一般因素为中心'的智力假设"是最具体的。

　　无论你列的大纲是有关定义或特定理论的假设、主张、评价标准还是一系列争论与反争论，都应遵循有条理、准确的原则。大纲中各层级应当从一般到最具体，在下面的例子中你可以看到大纲的层次和各层次的精确分类。

Ⅱ.加德纳的智力理论

　　A. 智力的定义

　　　　1. 问题解决与创造能力

2. 评价标准

　　a. 智力具有通过脑损伤而被隔离的潜能

　　b. 特殊人群的存在

　　c. 独特能力的核心鉴别操作系统

　　d. 出众智力发展的历史

　　e. 某种智力的进化性

　　f. 能力的迁移性

　　g. 测验表现的预测性

　　h. 信息对智力的影响

B. 智力的种类

1. 逻辑数学智力

2. 语言智力

3. 空间智力

4. 身体运动智力

5. 音乐智力

6. 自然智力

　　a. 内省智力

　　b. 人际关系智力

　　正如展示 14 中所示，制订详细大纲的一个准则是将一个标题再分解，至少应再分成两个子标题，而不能只有一个。事实、观点、概念采用罗马数字（Ⅰ，Ⅱ，Ⅲ）、大写字母（A，B，C）、阿拉伯数字（1，2，3）、小写字母（a，b，c）来区分；最后将数字和字母用括号括起来。这样，如果你列出了Ⅰ，你就应该列出Ⅱ（也许还有Ⅲ和Ⅳ等）；如果是 A，然后就要有 B；如果是 1，然后就要有 2。

展示 14　细分的轮廓

Ⅰ.
　A.
　B.
　　1.
　　2.
　　　a.
　　　b.
　　　　（1）
　　　　（2）
　　　　　（a）
　　　　　（b）
Ⅱ.

　　罗马数字表示了大纲的主要思想。缩进的大写字母是对每个主要观念的区分。数字和小写字母是说明细节和事例的。注意每个子标题都要缩进。可根据论文中内容的细节和事例的数量进行归类。如果你使用这种大纲结构，就很容易发现逻辑性的错误，在进行下一步写作之前你就可以抓住问题并对其进行纠正。

　　例如，以下的缩写大纲，条目 B 就存在明显的逻辑错误：

Ⅱ.加德纳的智力理论

　　A.他对智力的定义

　　B.一般智力因素的概念是怎样产生的？

　　C.七种智力

　　条目 B 应该归纳到"一般智力因素"的观点上。一些条目可能需要重新在 PsycINFO 数据库或是图书馆中查询，进而阐明一个观点或把补充的参考材料填到大纲中。

5.6　列出详细提纲和记笔记

　　大纲不仅能组织你的思路，而且能使你写作更容易。我们可以在以下节选的大纲中清晰地看到这种效果：

Ⅱ.加德纳的智力理论

　A.智力的定义

　　1."……解决问题的能力，或者在一种或多种文化环境下创造出有价值的产品的能力"（Gardner，1983，p.x）

　　2.智力的天赋必须满足八种标准（Gardner，1983）

　　　a.具有因脑损伤而变化的潜在可能

　　　b.由于特殊人群的存在（某方面智力异常突出的人），表明存在一类表现突出的个体

下一步我们把大纲用完整的句子加以填充，实际上就自然而然形成论文了。

Ⅱ.加德纳的智力理论

　A.智力的定义

　　1.加德纳（Gardner，1983）认为智力就是"一种解决问题的能力，或者在一种或多种文化环境下创造出有价值产品的能力"（p.x）。

　　2.加德纳（Gardner，1983）认为天赋必须满足八个标准才能被认为是"智力"。

　　　a.具有因脑部损伤而变化，从而可被单独分离出来的潜在可能性。

　　　b.特殊人群（如某方面智力异常突出的人）提供了这种个体存在的证据。

提纲有清晰的编码系统，就便于在文献查阅的过程中返回进行记录。如果你的注释涉及大纲的"Ⅱ.B.1"部分，那么你可以把这个编码记录到卡片上再复印或打印。使用这种方式，你的注释就很容易按顺序呈现。

例如，如果你使用卡片，你可以把它们散开放在一张大桌上，根据笔记和大纲上的编码进行分类，使笔记和提纲相互补充。但切记，提纲仅仅具有指导作用，随着研究资料的积累和思考的深入，大纲的具体结构是可改变的。

5.7 集中思维的技巧

有些学生发现启动提纲写作是件很难的事情。因为在酝酿时，很难把他们的一些想法组织起来。这里有两个策略可能会帮助你集中思路。

· 在高中可能学到的一种叫做聚类的技巧。画一个圆，并在圆中写上中心问题或论文主题，然后再画更多的圆来表示次要的主题内容（展示 15 表示了一个以约翰·史密斯论文为基础的聚类群组）。最终定下的次主题就是对各个部分较好的划分，这种划分采用增加圆圈的方式，帮助你理解所有的内容。

· 另一个写作技巧就是在索引卡上写下暂时的标题，然后反复地移动直到你想出正确的逻辑顺序。最后再把每个研究和想法写在独立的索引卡上，将这些卡分类并把它们分配到适当的段落标题中。你可以用不同颜色对各种卡进行编码以代表可能用到的标题和子标题等。这种技巧的优点是分类直观。在经过一段时间的休息之后，你可以很轻松地重新安排这些卡片的位置，以一个全新的视角再次审视这个结构。

展示 15　约翰·史密斯论文的聚类提纲

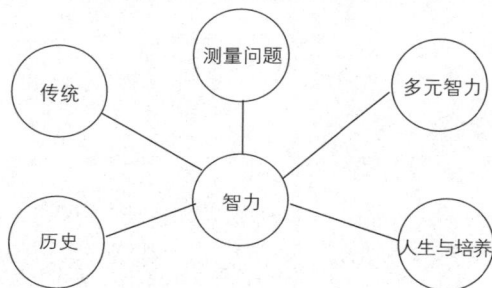

5.8　写作后列提纲

　　对一些学生来说，写论文的时间超过一学期（例如，大三学生的课程论文），并且他们可能一开始根本就不知从哪儿开始列提纲。这是因为他们不知道最后论文的样子。当坐下来准备写论文时，他们倾向于把最初的草稿和材料结合起来，但是他们起初又没列大纲。还有一些学生发现列提纲是很吃力的事情，所以他们更愿意坐在电脑前自由、随意地写论文。

　　如果你符合上述两种情况，那么尽量在写作后列出提纲。为了确保自己的工作能被称为心理学家所说的"好的完形"（good gestalt）（即心理学所说的具有连贯的、吸引人的形式），就一定要在写出一份大致完整的草稿后制作一个"迷你目录"，然后做一个带有标题和子标题的更细致的大纲。问问自己：

- 我的讨论集中么？这些想法是产生于一些观点还是基于另一个观点？
- 我充分地阐述了每个观点么？
- 我为每个主要的讨论观点都提供支持性的证据了么？
- 这些观点都一致么？
- 我的写作切入要点了么？

　　如果五个问题你的回答都是"是的"，那么你就有了一个有效的提纲，后面的写作就不会偏题了。

6
交流统计信息

不管你是在一篇实证型论文中总结自己数据分析的结果还是在综述型论文中陈述其他人的统计结果信息，懂得如何交流、交流什么是非常重要的。针对这一点本章从四个方面提出了普遍性观点，并同时探讨了其伦理方面的影响。如果你不需要报告统计信息，那么你可能想略过这章直接阅读第 7 章。但要知道，我们正身处"大数据"时代，因此本章涉及的主题其实是与大家普遍相关的。

6.1 知道"如何"交流，交流"什么"

这一章是针对已学过或正在学习统计学初级课程并且需要在论文中报告统计结果的学生而写的。举个例子，约翰·史密斯在他的综述型论文（附录 B）中引用了一位研究者的话："实际的行为表现有 3/4 的变异不能通过智力测验作出解释。"在他的脚注 2 中，约翰陈述了能描述大约 1/4 变异的预测变量，其相关系数在 0.5 左右，这在心理学研究上不常见。他也引用了一个由老师推荐的参考文献作为支撑（他在论文封面的作者注解中提到）。不过，元分析综述型论文主要就是由统计和图解构成，用来总结出一系列结论（正如第 2 章中劳登布什的元分析综述型论文，展示 6）。如果你正准备写实证型论文，就得在论文的结论部分详细给出统计结果，就像简·多伊的论文（附录 A）一样。

　　尽管简的论文的信息是期刊通常使用的常规方式，但并非所有期刊都要求提供这些细节。举个例子，《APA 手册》写到，"对大多数心理学研究而言，对研究内容进行分析在很大程度上是从验证研究零假设的显著性开始的"。《APA 手册》还写到，"APA 强调零假设检验是且仅仅是起点，其他报告要素例如效应量、置信区间及外延描述对于表达最终完整结果的意义都是必要的"。不是所有的编辑和研究者都认为零假设是一个开头，但毫无疑问大部分人都会同意《APA 手册》中的陈述，也就是，"像效应量，置信区间及外延描述这样的报告要素"的重要性。关于概率值（p 值）和效应量的区分还有很多。（展示 16 能够帮你记起这些基本概念和符号。）

　　还有一些在《APA 手册》中没提到的统计量，例如罗森塔尔和鲁宾（Rubin）所观察到效应量（ES）的计数空值。效应量空值和非空值之间的区间被称为计数空值区间。它在最小值非 0 的前提下也是种置信区间（空值理论），不同于置信区间（基于预先设定的 95% 或 99% 的置信区间），空值区间是基于已有的 p 值。使用计数空值效应量的理由主要是确保当 p 值超过 0.05 时，我们不会过早地相信零假设的正确性。罗森塔尔和鲁宾还开发了一个实用的程序，用来在只知道总样本量（N）的前提下估计效应量和 p 值。被估计的效应量（ES）称为 $r_{等值系数}$，它与对比实验（实验中 vs. 对照组）中自变量与呈正态分布的因变量之间的点二列相关系数类似。有用于多组实验设计和精确预测（如简·多伊的研究）的效应量，也有在样本量不等情况下用来计算 d 值和 g 值（如展示 16 所示）的公式。同样有公式用于计算与等样本量实验设计相比，不等样本量实验设计下统计强度的减少。

　　最后，仅仅报告显著检验和 p 值当然不如报告效应量和相应区间估计更有效用。建议阅读本章末尾列出的资料。关于如何报告、报告什么，我们依赖于 CAPE 的四字方针——C 代表的是清晰（*clarity*），A 代表的是准确（*accuracy*），P 代表的是精确（*precision*），E 代表的是足够详细（*enough detail*），以便让读者得出自己的结论。

展示 16　常用统计缩写和符号

符号 / 缩写	定　义
英文符号 / 缩写	
ANOVA	方差分析的首字母缩写，将一系列分数总方差分成不同组成部分的一种统计方法，F 检验被用于评估方差间的差异。
CI	置信区间有下限（Lower Limit, LL）和上限（Upper Limit, UL），在区间内，总体参数可能会被标明。例如，95% 置信区间 CI[LL, UL] 和 99% 的置信区间 CI[LL，UL]。
d	库恩效应值，两个独立的平均值之间的差异，用标准分数（z 分数）计算的一种描述（相对于推理值）值，范围从零到正负无穷大。当计算 d 值时，两个独立的平均值之间的差异由汇总的总体标准差（σ）划分。
df	自由度，观察样本中能自由变化的数据的个数。
F	费雪显著性检验中的 F 比率，在两个或更多的平均数或变量之间评估无差异的零假设（H_0）的合理性。
g	g 也叫做 Hedges g 值（库恩 d_s 值先于 g），这是个推断（不是描述）效应大小指数，用来描述两个独立平均数之间的差异，效应大小以标准分数（z 分数）为单位，效应大小从零到正负无穷大。计算 g 值时，把平均数之间的差异根据 S（总体无偏估计的平方根 σ^2）来划分。
M	一系列分数的算术平均数（即算术平均数）。一种老旧的表示算术平均数的方式是 $\bar{x}$（现在有时仍会见到，但不是 APA 格式的期刊中）
Md_n	中位数，或分布的最中心的数。
MS	变量总体方差的无偏估计，也记作 S^2。
n	在一种条件或一个研究子群中分数或观测值的数量。
N	在一项研究中分数或观察值的总的数量。
p 水平	当零假设为真时，拒绝零假设的概率（即一类错误的可能性）。
r	皮尔逊积差相关，一对变量的线性相关指数。
SD	标准差，样本中数据围绕平均值上下波动的程度指标。
SS	一系列分数距离均数的偏差的平方和。
t	一种推断显著性的检验，用来判断陈述两个变量之间没有关系的零假设的可靠性。也被人们叫做 "Student 的 t 值"，因为这一程序的创始人威廉·西利（William Sealy）使用过 "Student" 这个笔名。
z 分数	转化为以标准差为单位的分数，也经常被称为 z 分数。
希腊符号	
α	Alpha，一类错误（即当零假设正确时，错误地拒绝了零假设）的可能性。$1-\alpha$ 是置信水平（术语 alpha 也被用于描述内部一致性的信度测量，被称为克隆巴赫系数）。
β	Beta，二类错误（即当零假设错误时，没有拒绝零假设）的可能性，$1-\beta$（未犯二类错误的可能性）代表统计检验的效力。
λ	Lambda，一系列总和为零的参数（λ 权重），用于陈述一个预测（附录 A 简的论文中有）。
σ	总体分数的标准差，也经常被叫做 SD。
σ^2	总体分数的方差。
Σ	一系列分数的和。
ϕ	Phi 系数，二分变量（如实验组和控制组；有反应和没反应；有疾病和没疾病）的统计相关。
χ^2	卡方，一种用于在特殊的假设（如零假设）下，测量获得的频率数据与期望的频率数据一致性程度的统计量。

6.2　清楚的表述

报告统计信息的基本清晰原则就是：不允许出现不清晰的表达，如模糊难懂的统计结果，或由于未充分理解而错误地使用专业词汇，或者是言非所指（例如你前面假定的是一个特定结果，后面报告的却是一系列分散数据，这个问题会在下一个章节讲到）。你要使用读者易理解的论文结构，这是非常重要的。拟订研究计划（第3章）是形成连贯论文结构的最初步骤。如果你正写实证型论文，第4章提供的规范可加强其连贯性。如果你是写一篇综述型论文，那么第5章就能指导你在写初稿之前拟订一个好的写作大纲。当文章中的统计信息被清楚表述时，老师会认为你在组织和准备论文方面下了功夫，你有能力很好地运用专业术语和学术语言。

清晰写作通常也意味着把你的想法简明扼要地写于论文中，正如《APA手册》提醒我们的那样，"少即是多"（Less is more）。这句名言在某种程度上同样适用于报告统计信息。然而，不遗漏重要细节也是很重要的。数据分析的概括性结果在报告时应该简洁直白同时又恰如其分，这样就可以防止有人断章取义或误导他人这种最糟的情况出现。在这一章的后续部分及下一章，我们会对写作和报告的道德规范做更多说明。在你所有的工作中，诚实是基本的原则。捏造数据或歪曲统计结果是对这一道德规范的严重违反，一旦发现必将严惩。

当你在论文中使用图表呈现结果时，数据信息的清晰表达是一个主要问题。随着可以把表格数据快速转换为图表或其他可视形式的计算机制图的出现，人们很容易对数据图像的解释产生盲目的相信。如果图表设计合理，从条形图（直方图）和直线图（频次多边形）中一眼就可以看出结果的规律。然而，图表可能造成头脑麻木从而导致欺骗，仅仅因为图表漂亮或容易制作就采用并不能保证它们是实用的或是能说明问题的。在《图表设计元素》（*Elements of Graph Design*，W.H.Freeman, 1994）一书中，心理学家斯蒂芬·M.科斯林（Stephen M.Kosslyn）描述了大脑怎样感知和加工视觉信息及其对于视觉呈现的意义，科斯林指出因为人类大脑发展的特点，我们很少意识到由多个部分组成的复杂的空间结构。使用表格表达信息的一大优势就是它能提供确切的数值，当数据以直方图或频次多边形图的形式进行概括时，我们就能进行一些关于确切值的概括性的猜测。

在第 9 章（9.4 节）中，当我们讨论海报中颜色的使用时，我们会更多地谈到科斯林在有关图表信息理解方面所做的工作。科斯林从心理学角度提出图表设计的三大原则。

1. 人脑并不是照相机，我们所看到的事物未必就是事实。实验因素、期望效应等会对实验产生影响。古语说"眼见为实"，但"所想即所见"也是对的，人们倾向于以符合自己期望的方式感知事物。

2. 人脑会根据封面判断一本书，即人们愿意把现象看做事实的线索。举一个极端的例子，一个直方图报告的是两个队伍的结果，分别叫蓝队和红队，但如果使用蓝色来代表红队，红色来代表蓝队，那么这个图表将不可避免地使人感到混乱，因为人脑会倾向于依赖事物的表面特点，在这种情形下很有可能错误地解释这个图表。

3. 心智有弱点。作个类比，就像我们的小臂可以绕手肘向前弯曲却不能向后弯曲，我们的视觉和记忆系统同样存在限制，要想人脑正确地翻译视觉信息就应该注意这一问题。

如果你打算在你的论文中使用图表，要确认它能增强你陈述文字的说服力。但是不管你是用图（像约翰在他论文中用的那样）还是用表（像简在她论文中用的那样），都要注意在手稿中应明确地阐明图和表的意义。如果你打算在手稿中使用直方图或直线图，《APA 手册》概述了以下四点基本方针。

· 要使用清楚的字体、线条、标签和符号，以使图表清晰，易于阅读，确保线条光滑、清楚。

· 在所有的图表中使用统一的无衬线（不扭曲、变形）字母，读者更易读懂这种"单调"字体。

· 当用线形图或条形图表示自变量和因变量的关系（或预测变量与效标

变量／结果变量之间的关系）时，习惯上把自变量（或预测变量）放到水平轴（x轴或横坐标），而把因变量（或标准变量）放到纵轴（y轴或纵坐标）。

- 每个象限的刻度应从小到大排列。

6.3　准确表达结果

美国国家科学院在 2009 年出版了有关文章作者文责自负的指导意见（《成为一个科学家》第三版）。人们讨论的责任问题是"对公众，对职业，对自己，对研究者都有要尽可能做到准确和认真的义务"。正如指导意见中所说："如果数据都是错的或只是偶然结果，那最好的方法也会没有作用。"换句话说，就是别犯人为的错误。因此，我们能够合理要求学生的就是，认真负责地识别和纠正在测量、计算及数据报告中可能出现的任何错误。核定原始数据或原始分数可以找到极值（即超过正常范围的分数），找出极值并要确认这不是记录错误。一旦确定是准确记录的分数，你就应该报告均数、区间、中数，以防读者误以为分数都是聚集的。顺便说一下，极值可以为合理调节相关实验变量提供线索。因此，不要在还没有进一步检测的情况下就简单地排除极值。极值很可能对一些例外情况做出"客观解释"，而这些例外情况可能会告知我们一些潜在的理论或其他现实的意义。

准确性同样意味着选择恰当的统计工具及正确地使用它们。假设你有一个特定的三组或多组设计，如果你选定的综合性统计方法（如离散统计检验）对三组或多组设计本身不太敏感，并以此来评定你的实验假设（你的研究假设），那你的结论就是不准确的。你可能会在没有对其进行统计处理的情况下，过早地否定研究假设。如果你是个电影迷并且看过旧版泰山电影——在影片中泰山从一棵树荡到另一棵树，约翰尼·韦斯默勒是最初扮演泰山的演员。当他被问及自己的生存哲学时，韦斯默勒的回答是"最重要的事情就是不要松开藤蔓"。这对于学生研究者来说同样是个好的建议：知道你预测的是什么，坚持你的研究假设直到能准确地评估它（在本章结尾推荐阅读中，我们列举了一些有关特定预测检验的"how to"文章）。

准确和清晰两个词有时很难被区分开来，因为准确的信息是用一种明确而不模糊的方式来描述一项研究。例如，医学研究中的随机临床试验（randomized clinical trials，RCTs）多次被质疑，因为在实验室条件下，其对被试如何分组这一重要问题说得非常模糊。对提高随机临床试验报告质量的建议在一篇名为"The CONSORT Statement"的论文中被列举了出来，这些建议是《APA 手册》在制定期刊论文标准时提出来的。这则医学案例提示我们，不准确的统计报告不但是资源上的浪费，也给阅读者带来不便，因为有偏差的数据和误导性的结果会引出错误的结论。也许你会疑惑，既然你没做过临床实验，那知道这些讨论与你的研究有什么关系。答案是无论研究结果如何，你研究报告的价值取决于你能在多大程度上科学而准确地描述研究设计、研究方法、数据分析和研究的结果。

另一种需要避免的问题被称为"迷失于 p 值的森林中"，学生们对 p 值的关注往往会掩盖对事实的认识。在本章后面我们将再次提到 p 值，但不要认为论文中的 p 值小于 0.05 这一结论会引起老师的注意，或认为 p 值不显著就是效应大小为零的证据。你的导师对"统计上无显著差异"的结果与"统计上有显著差异"的结果同样赞赏，只要统计结果准确、可靠且有意义。此外，正如我们之前说的，谨记，仅仅是显著性检验和 p 值并不会像效应大小以及相应区间估计一样提供足够丰富的信息。

6.4　数值精确度的处理

要以恰当的数值精度来报告统计信息，对不准确、不正确和不需精确的数据进行合理处理。错误的准确性（False precision）是指内在不清晰的事物以一种过于精确的术语报告出来。假设一份标准态度问卷在一个研究中被使用，要求被试从"极度赞同"到"极度不赞同"按 5 点评分形式作答。平均值保留过多的小数位数就可能产生误差，因为你所使用的测量工具不能精准地测量出态度问题。不必要的准确性（Neadless precision）是指报告的结果比要求的结果更精确。假设你的报告将老鼠的重量精确到 6 位小数，即使你的测量工具能够精准到该程度，但实际上这是没有必要的。如果在这方面仍然存在疑问，你可以求教于你的老师。

　　如果你仍然不知道是否该在研究报告中使用图表（比如直方图），我们再次提醒，研究报告中复杂的数据结果通常用表格来呈现，海报介绍的展示中使用图可能会比较好。展示 17 展示了基于简·多伊论文表 1 中平均数和置信区间结果数据的一个直方图。展示直方图是为了使海报能够吸引人们的目光。一旦报告被人们注意，简就可以与他们交谈并给出一份有更准确结果图表的简要报告（在第 9 章会谈到）。

展示 17　基于简·多伊论文表 1 数据的直方图

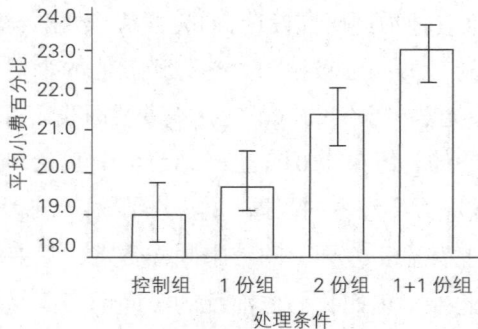

注：封闭条形框的最高水平说明了平均消费比例（由纵坐标估计得出），每个条形框里面以及上面的垂线说明了平均小费比例的置信区间。这一直方图是基于附录 A 简·多伊论文中表 1 的数据得出的。比较表 1 中的精确数据和直方图结果可以看出，表格能给读者提供精确值，但是当数据以直方图形式报告出来时，读者很容易对确切值有个粗略的估计。

6.5　报告足够的信息

　　在本章开始我们提到过，简给出的统计信息是期刊文章中的标准形式。这是 APA 格式认可的一种包含足够多信息的数据集合。APA 格式要求至少报告出：（1）样本和次级样本中的组数，被试数；（2）卡方设计，频数分布中样本和次级样本的均数；（3）标准差或组内方差；（4）检验统计的确切值，如 t 值、F 值和卡方值（χ^2）；（5）自由度（df）；（6）统计显著性（p 值）；（7）与单自由度统计检验（任何自由度为 1 的 t 检验、F 检验以及卡方检验或者是简在附录 A 中使用的统计检验）相关的效应值；（8）用于总体均值和效应大小估计的置信区间；（9）基于预先设定显著性的置信区间（例如 95% 的置信区间和 99% 的置信区间），这一置信区间要在论文中一直使用。要确认你没有遗漏重要信息，一个比较好的方法是列清单。认真地从头到尾检查这份清单，就像飞行员在起飞之前详细核查所有细节一样。

我们已经强调了报告效应大小和它们相应区间估计的重要性。人们通常以两种方式使用"effect size"这个词汇。它可以被用来指特定效应大小的测量，也同样可以作为一个一般术语被使用，所以它可能令人困惑，除非我们知道具体要使用哪一个效应值。举个例子，论文中说明效应值是 0.5，根据它是 r 值（此时 0.5 经常被描述为一个极大的效应值）还是科恩 d 值（此时 0.5 经常被描述为一个中等程度的数值）而有不同的含义。更好的情况是，完全不使用这些描述值，而是明确提出效应大小指标，报告精确的数值，在这个区间估计基础上说明数值的含义。正如你可能知道的，皮尔逊积差相关（Pearson productmoment correlation，r）表明变量间的联系强度。例如一个预测（或独立）变量和一个自变量，当 $r=1$ 就表明它们之间存在完全线性关系，而 $r=0$ 表明通过使用线性等式，任何一个变量都不能预测另一个。科恩 d 值则表明两组均数的标准差（记作 z 分数），它的取值范围从零到无穷大或无穷小。这里，我们假定你的其他教材中统计内容部分和研究方法部分对有关于效应大小及其如何计算和表达有更详细说明，如果没有，你需要阅读本章后面部分给出的推荐书目。

在雅各布·科恩（Jacob Cohen）于 1960 年代对效应大小这一概念做出介绍之前，大多数研究报告仅仅强调统计检验的显著性水平。问题是，同样的效应大小可以是显著的，也可以是非显著的，这要取决于研究中的被试数目。换句话说,把你头脑中和论文中的这两个概念(显著性水平和效应大小)区分开来是非常重要的。这一区分在以下表格中做出了说明,表格呈现出在 $p=0.05$ 水平上(双尾检验,two-tailed)相关(以下每个 r 都作为效应大小的相关)的显著性,表中给出了具体的"$N-2$"值(自由度):

$N-2$	r	$N-2$	r
1	0.997	40	0.304
2	0.950	50	0.273
3	0.878	100	0.195
4	0.811	200	0.138
5	0.754	300	0.113
10	0.576	500	0.088
20	0.423	1 000	0.062
30	0.349	2 000	0.044

换句话说,表格中的所有 r 值,不管它们是小到 0.44 还是大到 0.997,均在 $p=0.05$ 水平上(双尾检验)呈现出显著性。使每一个 r 值在 $p=0.05$ 水平上达到显著的最重要的条件是其对应的"$N-2$"值。我们可以看出,当 $p=0.05$,$N=2\,002$ 时,相关系数小如 $r=0.044$ 也是显著的。对比来看,在相同的 p 水平下,N(样本容量)为 12 时,比上一个 r 值大 13 倍($r=0.044 \times 13=0.572$),统计上差异也不显著。原因是,0.572 小于"$N-2=10$"水平下的临界值 0.576。仅陈述"所观察的影响有统计差异"将无法清楚说明效应大小。当我们对效应大小感兴趣时,像"显著性差异"和"非显著性差异"这样的陈述可能会引起误解。

以下的公式是另一种检验效应大小和 p 值的方法:

$$差异检验 = 效应大小 \times 研究样本大小$$

这个公式说明了显著检验(如 t,F 或者 χ^2)能分成两个部分,均是显著性检验值计算的产物。一种是效应大小的反映,另一种是研究样本大小的反映(如样本的数量)。从公式可以知道,显著检验的值(也就是计算的 t 值、F 值或 χ^2 值)越大,p 值越小(通常是最想得到的结果)。这个公式告诉我们,增加效应大小或增大样本数量可以产生一个较大的 t,

F 或 χ^2 值，而且经常能得到一个满意的 p 值。

例如，样本量相等的两个独立样本组（$n_1=n_2$）在进行 t 检验时，可使用这一公式来进行独立样本 t 检验：

$$t = d \times \frac{\sqrt{df}}{2}$$

在这种情况下，df（自由度）通常是总体样本数量减 2。注意在例子中的，效应大小指标是科恩 d 值，通过以下公式估计得到：

$$d = \frac{M_1 - M_2}{\sigma_{总体}}$$

两组平均数的差（M_1 减 M_2）除以总体标准差。

上述统计实例表明 t 值将随着平均值 M_1 和 M_2 之间差异的增加而增长，也会随着组内变量的减少和总样本容量的增加而增长。如果你正设计一个两组的实验，应尽量增强你 t 检验的统计效能。第一种方式是在不违规的前提下，通过实验条件尽量增大两组之间的差异，从而能够产生更大的分子值。第二种方式是选择具有同质性的被试和标准实验操作程序，因为这可以最小化组内变异（d 值的分母）从而能够得出一个更小的分母值。一个更大的分子去比一个更小的分母会增加效应的估计值。第三种方式是在可行的情况下，选取更多的被试参与实验，因为这样会扩大研究范围。通过增加样本量使效应大小倍增，会使 t 值最大化，相应地会产生一个更小的（通常是更令人满意的）p 值。

在结束"多少信息才足够呢"这一讨论之前，我们需要对总体估计中置信区间的使用（如平均数、比例和效应大小）多说明一点。正如展示 16 所示，置信区间告诉我们总体值可估计的临界区间，置信水平（定义为 $1 - \alpha$）表明估计值的"近似"程度。如果你提高了置信水平，即从 95% 到 99%，那么你就扩宽了置信区间。同样，将置信水平从 95% 降到 90%，便是收窄了置信区间。为了更好地理解，请你思考一下，多宽的置信区间才能 100% 地避免某些风险事件。

6.6　符合道德和原则的报告

在本章开始的部分，我们对报告什么统计信息及如何进行报告作了区分。然而，现在你会看到，做好其中一个任务要依赖于另一任务的成功完成。我们可以从伦理道德的角度思考这个问题。"ethics"这一术语是由希腊词汇"ethos"转化而来，意味着"品质"或"性情"，指的是一些需要做的事和不应该做的事，即在道德层面上定义的正确或错误行为。举个例子，一个金科玉律是"你想让别人如何对你，你就要如何对别人"，而另一个在分析中的金科玉律是"不要欺骗数字"。这一训诫围绕着"诚实"这个基本道德原则。它表明，我们要坚持诚实和公正的道德原则。举个例子，在科学上，知识的进步依赖于科学家对其他科学家在工作中坚守诚实和公正原则的信任。因此，若我们假定所有数字和统计都被如实报告，那科学进步就是可期的。

诚实这一原则被包含在由很多专业要求和道德要求构成的心理学专业规范之中，此外还有其他四个大原则。其中两个原则（可以追溯到医学中的"希波克拉底誓言"）可以被描述为"不伤害或者是告诫不要伤害他人原则（无伤害原则）"和"对他人有利原则"，有利原则的理想情况是有益于他人。举个例子，美国统计协会的道德规范指出了错误的和容易引起误解的数据对公众造成的危害。第四个原则是公正，意味着公平和不偏不倚。在 2002 年 APA 的道德准则中，公正被认为是要确保个人经验上的偏见和限制不会导致或宽恕不公平的做法。最后，第五个原则是尊重他人，在 2002 年 APA 准则中，尊重他人被认为是保证参与研究者的诸如"隐私，秘密和自我决策"的权利。

除了这五大原则外还有其他的职业道德规范，包括老师和同学间的关系。但是在这里，我们关注诚实原则、无伤害原则、有利原则、公正原则以及尊重他人原则，是因为这些原则契合数据报告的特点。将数据结果清晰地、准确地、适当精确地、充分地报告出来会让读者更容易理解，让可能产生的误解最小化。在特定应用领域（例如医学干预中的随机临床试验），高度符合这些标准的研究更易产生积极价值（善行），同时把伤害的可能性降到最低，比如，研究者应当去找出在给定干预中更可能得到帮助和遭受伤害的群体。当然也有实验设计能帮助实验者以公平的方式对待每一名被试，举个例子，通过随机分配方式把被试分到实验组和等待控制组（被试要一直等待接受实验处理直到实验组接受了实验处理并且被证明是有效的）。合理的统计方法在数据分析与报告中能够充分利用被试提供的有价值信息，这种方式体现了研究者对研究被试的尊重。

6.7　推荐阅读

想要获取更多的关于统计的知识，你可以根据你已知的术语和分析方法，到网络上查找相关资料。

这里推荐的阅读书目是基于高年级学生的程度来选择的。有"how to"（怎么做）指导和例子的文献用星号标出。这些书目标上的序号也表明了推荐阅读的顺序。

6.7.1　零假设显著性检验

我们曾指出，关于零假设显著性检验（NHST）的作用是存在分歧。实际上，关于这个问题有过很激烈的争论，有人甚至建议取消（NHST）。在心理学中，关于 NHST 的争论源于 William Rozeboom 在 1960 年发表的一篇文章。

1.Rozeboom, W.W.（1960）.The fallacy of the null-hypothesis significance test. *Psychological bulletin, 57,* 416-418.

Rozeboom 集中提出了关于 NHST 常见作用的质疑。（PsycARTICLES 可查）

2.Cohen, J.（1994）.The earth is round（*p*<.05）.*American Psychologist, 49,* 997-1003.

Jacob Cohen 把 NHST 描述为一个"大杂烩"，它不会告诉我们想要知道的，而我们是那么想要知道自己究竟想了解什么，以至于处于绝望状态下的我们只能相信 NHST 能告诉我们自己想要什么。

3.Wainer，H.（1999）.One cheer for null hypothesis significance testing. *Psychological Method, 4*, 212-213.

统计学家 Howard Wainer 对 NHST （在文章中叫做 NHT）的有限作用有很深刻的理解。（PsycARTICLES 可查）

6.7.2　关键的统计检验和效应大小指标

简·多伊（在附录 A 中）用到的对比就是用来提问关于数据核心问题的统计程序。当检验那些核心问题时，其特点是在概念上更加清晰且具有更大的统计检验力。如果一个效应存在，我们只有在问一些核心问题而非综合问题时，才更有可能发现这个效应并相信这个效应是真实存在的。

*1.Rosnow, R.L., &Rosenthal.R.（1988）.Focused tests of significance and effect size estimation in counseling psychology. *Journal of Counseling psychology, 44*, 1276-1284.

本文研究核心统计检验和综合统计检验之间区别的那些早期文章，以及 Jacob Cohen 于 1960 年提出的效应值概念的深远影响。（PsycARTICLES 可查）

*2.Rosnow, R.L., &Rosenthal, R.（2009）.Effect size: Why, when, and how to use them. *Zeitschrift für Psychologie/Journal of Psychology, 217*, 6-14.

对差异类型和关联类型效应大小指标、置信区间、零假设区间的解释，以及以一种系统方式来比较和综合以 λ 值和效应值形式表现出的矛盾预测（有理论证明这样做是可以的）。（PsycARTICLES 可查）

6.7.3　置信区间和零假设区间

置信区间一般使用固定的如 95% 或 99% 的区间，然而空值区间是另一种形式的"置信区间"，它还包含零假设和获取的 p 值。

*1.Masson, E.J., &Loftus, G.R.（2003）.Using confidence intervals for graphically based data interpretation. *Canadian Journal of Experimental Psychology, 57*, 203-220.

对在图表中置信区间使用的指导和说明。（PsycARTICLES 可查）

*2.Cumming, G., & Fidler, F.（2009）.Confidence intervals: Better answers to better questions. *Zeitschrift für Psychologie/Journal of Psychology, 217*, 15-16.

要想获取更多关于置信区间的知识和探索性的应用软件，请浏览 Geoff Cumming 教授在澳大利亚墨尔本的拉特罗布大学（La Trobe University）的官方网站。（PsycARTICLES 可查）

*3.Rosenthal, R., & Rubin, D.B.（1994）.The counternull value of an effect size: A new statistic. *Psychological Science, 5*, 329-334.

零假设统计在概念上与置信区间是相关联的，包含了获得的效应大小和零假设，文本提醒当 *p* 值超过 0.5 时，你不宜过早地相信零假设是正确的。

6.7.4　道德以及定量方法

在下一章，我们探讨学生写实证型论文和综述型论文的道德责任这一主题。下面文献集中在道德规范及定量方法上，我们从最广泛层面上定义了定量方法的概念，将统计分析及在观察中运用量化方法的研究包含了进去。

1.Rosenthal, R.（1994）.Science and ethics in conducting, analyzing, and reporting psychological research. *Psychological Science, 5*, 127-134.

罗森塔尔对实验设计、数据分析以及结果报告中关于研究规范的哲学——"有舍才有得"。

2.Committee on Science, Engineering, and Public Policy.（2009）.*On being a scientist:A guide to responsible conduct in research*（3rd ed）.Washington，DC:National Academic Press.

在 6.3 节提到的美国国家科学学术指导。

3.Panter, A., & Sterba, S.（Eds）.（2011）. *Handbook of ethics in quantitative methods*. London, England:Routledge Academic.

更多从实验设计、数据收集、分析到结果报告中量化决策人力代价的技术讨论。

6.7.5 统计无知及其后果

如果研究者本人不理解数据的含义，那即使将所有数据囊括进论文也毫无用处。下面的文献集中讲述了统计无知的危险，或者说我们在一个"数字盲"的世界中被数字和数据"包围"的危险。

1.Gigerenzer，G.，Gaissmarier，W.，Kurz-Milcke，E.，Schwartz，L.M.，& Woloshin，S.（2008）.Helping doctors and patients make sense of health statistics. *Psychological Science in the Public interest, 8*, 53-96.

描述在多大程度上人们会误解风险统计的意义和内涵。

2.Paulos，J.（1988）.*Innumeracy:Mathematical illiteracy and its consequences*. New York, NY:Hill & Wang.（Paperback edition published by Vintage Books.）

这是关于"数字盲"的一个非常吸引人的例子。

7
写作初稿

写一份初稿有点像在炎热夏天里泡在冰凉的海水中，可能起初并不舒服，但当你适应后便会感到非常惬意。本章会提供一些有关写作的例子来为即将开始写作的你提供一些指导。这一章还会提及关于伦理道德规范的问题，也就是关于数据信息报告的规范。

7.1 整理你的资料

1947 年，报纸和杂志上报道了一个令人震惊的故事。在纽约第 128 号街第五大道的一间公寓里，科利尔兄弟（The Collyers）被发现死在这个填满垃圾的公寓中。其中霍默·科利尔（Homer Collyer）是一个靠拾垃圾为生的人，警察用铁棍和斧头强行将公寓门打开后，发现他已经死亡。他们发现这间屋子的所有入口都被报纸、硬纸盒及各式各样的废弃物堵塞（包括 14 架三角钢琴，1 辆福特 T 型轿车的零件，1 辆马车的顶部，1 棵长 7 英尺、直径为 20 英寸的树，1 个风琴，1 个长号，1 个短号，3 个喇叭，5 把小提琴，3 把第一次世界大战时期的刺刀，10 个时钟，其中一个为 9 英尺高、约 210 磅重）。杂物和收集来的废旧物品使房间和走廊被分隔成蜂房状，这些废旧物随时可以坍塌下来，砸在人身上。警察开始搜寻另一个兄弟，他一直都在照顾霍默，并被认为可能在垃圾场里打过电话。

在对混乱的公寓进行为时 8 周的清理与查找后，警察在一个抽柜与床垫弹簧间隔中找到了兰利·科利尔（Langley Collyers），他的尸体已变形，他是被自己所捡的废品杀死的。

对学生写综述型论文和实证型论文而言，科利尔兄弟事件提醒大家要善于整理与删除无关的资料。这似乎并非易事，特别是删除那些你花费大量时间寻找来的笔记、研究和引文等资料。然而，理清思路是确保文章明晰的关键之一，而且量多并不代表质高，要为最终稿保存有价值的资料。教师也只会关注那些推理紧凑的论文。在写初稿时，保持开放而集中的思维是最佳的状态，专注目标的同时以开放的眼光删除那些不相关的资料（但不包括研究数据）。

7.2　设立自我激励目标

在写下开篇的第一句话之前，先在纸上写下脑中对论文的整体目标，这是十分有用的。每次写作时瞥一眼这个指导，提示自己的论文计划，我们称之为"自我激励"，因为这是一个让你论文顺利展开的好方法，这样可以使你头脑清醒，并且可以帮助自己过滤掉无关信息。同样，你会发现写完论文再写摘要时，这也是很有帮助的。此时，你的"自我激励目标"可以提供条理清晰的基本标准，根据这个标准就可以发展出一个较之以前更加详细的概括性总结。

举个例子，我们把以下内容假设为简·多伊的自我激励：

> 我的研究是关于侍者给予餐厅消费者的小礼物增加，得到的小费是否也同时增加，以及多自变量的变化如何能增加小费。在论文开始时，我将回顾研究背景，然后，在总结观察资料和讨论中提出假设，最后提出未来研究方向。

对于约翰·史密斯来说，根据附录 B 里的论文，我们能够设想以下是他的自我激励：

我论文的主要内容是探讨如何定义智力这一抽象的概念，我将把有关智力单因素的经典观点与我称之为多元智力的观点进行对比，也会提及两种观点的基本内涵。我将强调霍华德·加德纳理论的方法和对多元智能理论的评论及争议。在论文的最后，我会试着去推测一些关于该研究领域的研究现状和未来的研究趋势。

正如你在这些例子中看到的，"写下自我激励目标"这一技巧能帮助你简化资料并且使你集中思路。每隔一段时间就看一下自己的"自我激励目标"，来提醒自己论文计划是什么，这样就不会偏离你的目标了。

7.3　如何撰写文章开头

要写一个吸引人的开头。你可以看一下附录 A 和附录 B 两个例子中的开篇，或是参考其他一些实证型或文综述形论文，进而获得一些想法。如果你要写一篇实证型论文，那么由心理科学学会（APS）出版的《心理科学》杂志就是一个很好的学习榜样，因为这本杂志的读者群体是心理学家和各个领域的研究人员，并且杂志中的文章研究主题覆盖面十分广阔。这本杂志同样对字数要求十分严格，所以这些文章的作者都知道"言简意赅"的重要性。查阅这些文章你就会发现，一些作者很善于创作一个很好的开篇来吸引我们的注意力，让我们十分想去了解他的研究成果。

写出"好开篇"的窍门是开头不要写得沉闷，并使用一些有效的技巧来帮助你写出一个有趣的开篇。比如通过描述你所感兴趣的现象，或者叙述一个读者可能经历过的经历来开始。另一种技巧就是以奇闻轶事开篇，就像科利尔兄弟悬案这个例子，它暗喻了"像林鼠（Pack rat）一般喜欢收藏无用玩意儿的人"。一些作者喜欢以发人深省的引语开篇，称为"题词、引语"（epigraph）。一些作者会以一个问题开篇，并期待读者回答，如果这个问题很好并且我们真的在脑中思考了，我们就会想接着读下去看看作者的想法。一个好的开篇不仅要引领读者进入自己的作品，而且最重要的是，它要为作者提供继续写作的动力。

要注意写作的格式，不仅仅是杂志，也包括在书中或者其他内容中，例如，心理学家希萨拉·伯克（Sissela Bok）写了一本有关说谎道德的畅销书《说谎：社会与个人生活的道德选择》（*Lying: Moral Choice in Public and Private Life*, Pantheon, 1978)，她提出一系列有激发性的、在短时间就会引起读者共鸣的问题作为文章的开始：

> 医生应该对垂死的病人说谎，以掩饰因事实所带来的恐惧和焦虑吗？在人才过量的劳动力市场上，为了帮助学生多得到一些机会，教师应该在推荐信中夸大学生的优点吗？父母应该向孩子隐瞒他们被领养的事实吗？为了研究在诊断和治疗中存在的种族和性别偏见，社会科学家应该把伪装成病人的调查员送到医生面前吗？政府律师应该对可能反对一项急需的福利法案的国会议员说谎吗？记者应该向那些调查信息的人说谎以揭发腐败问题吗？（p.xv）

通过提出这些问题，伯克以对话方式开始与读者交流。

这里还有另外一个例子，在附录 B 中引用了一本书，这本书是心理学家理查德·E. 尼斯贝特（Richard E.Nisbett）写的《智力与培养》（*Intelligence and How to Get It*, Norton,2009）。在这本书中尼斯贝特认为智力是由先天遗传因素所决定的，并驳斥了一些人所认为的智力可以在某种程度上进行塑造的观点。这本书以尼斯贝特回忆自己小时候的一段亲身经历开始：

> 我在五年级时落下了一周的课，之后当公布我们的测验分数时，我就感觉在算术方面遇到了麻烦。在小学剩下的时间里，我再也没能从这个挫折中恢复出来。父母对我的事情表示同情，说在我的家族中从没有人擅长数学，他们认为是否擅长数学是由遗传因素所决定的。（p.i）

在本书的样例论文中，开篇的话语令读者产生共鸣。简·多伊的论文（附录 A）以有趣的事实展开，这使得她的引言和最后的假设有很强的逻辑性。约翰·史密斯（附录 B）则使用了另一个方法，他引用了一句和他论文主题完全不相关的俗语来作为开篇。在这两篇学生论文中，引言都是很自然地从开头过渡到了论文部分。从中我们可以看出一篇文章的开篇是如何为学生充实自己的写作大纲提供契机的。

7.4　专心写作

如果你还是觉得自己开始写引言很困难，那就避免以介绍性的段落开始你的文章写作。以感觉最容易的段落或是小节开始写作，然后按你的思维把余下部分流畅地写下去。当面对电脑显示屏和闪烁的光标时，一些学生就会去刷网页，或者玩电子游戏来逃避写作。这样只会适得其反，耗尽你的精力。如果你觉得这些实在很有诱惑，那就以此作为你完成写作后的自我奖励吧！

以下是确保你的写作顺利进行的几种方法。

- 当你写作时，试着在一个安静且光线好的地方工作 2 个小时（昏暗的灯光让人犯困）。这样你就能集中思想，不会漫无目的地写作，也可以渐渐避开错误的写作方向。

- 就算你是迫于时间要求，需要快速完成论文，休息一会儿也是很重要的。休息时，争取去散会儿步，最好是在户外，因为新鲜空气将使你精力充沛，而且环境的改变会帮助你思考你已经写好的和接下来想写的东西。

- 如果你突然被打扰，而这时你的思路正好进行到中间时，草草记下一个短句或一些单词。这样当你返回写作时，它们会迅速把你带回当初那个轨道上（在你离开前务必保存你的成果）。

- 当你准备终止一天的写作时，最好停在你觉得很难表达或越过的障碍那里。而当你次日醒来时，你脑中将会有新的想法，这样你这一天的写作将很容易进入状态。

· 试着抓紧时间写作，以便节省时间，使你完成初稿后能空出一天。在你休息一晚后，回到已完成的初稿时，你的评论能力将会提高，并且你将会有新的思路去形成终稿。

7.5　重申伦理道德规范

如果你还没有读第 6 章，那么建议你现在去读下 6.6 节关于伦理道德和报告原则的部分。无论你的论文中是否有数字或数据，在所有的专业写作中，最基本的伦理规范就是遵循诚实原则。正如在前面章节中讨论过的，如果你正在做一个实证型研究并写一篇论文，诚实原则要贯穿该工作的所有方面，从实施研究到你写下那些研究程序、研究结果、研究的局限性和结论等。故意不诚实的两个例子是篡改数据和捏造结果，这些都会构成欺骗。科学家会因篡改数据和捏造结果而危及职业生涯，对于那些利用伪造数据和结果来写论文的学生来说后果也是同样严重的。声称他人的成果是自己的成果是另一种伪造形式，这是抄袭，也是不被容许的。

我们将在接下来的章节中关注这一内容，现在我们先要提一下另外三个关于伦理内涵的话题。一个是关于论文中因果关系的修辞。在第 4 章（4.1 节）中，我们提到了很重要的一点：如果你所做的所有相关研究只能得出"X 与 Y 有关系"的结果，那你就不能夸大地说"X 是引起 Y 变化的原因"。夸大研究结果被称为"过分声明"（hyperclaiming），错误地暗示因果关系的过分声明被称为"因果主义"（causism）——这一词是罗伯特·罗森塔尔在他文章的 6.7.4 节中提到的。例如，使用诸如"……的效果""……的影响""……的结果"及"由于……"等措辞来明确地暗示存在因果关系。如果研究设计和结果不允许做出因果推断，那么这篇论文的作者就会因使用这样的语言而犯过分夸大的错误。为了避免这样的问题，在写论文时可以简单地使用诸如"与……有关""由……可预知"或"由……能推断"等适当的语言和措辞。罗森塔尔认为，在没有得到明确结论的时候就错误地暗示一个因果关系，这是不道德的误导和欺骗，如果文章作者过分夸大了研究结果而自己却没有意识到这一点，那就表明作者缺乏对这一点的认识，也表明了他的无知或懒惰。

科学中另一种重要的伦理道德标准是进行数据共享，即已公开发表的结果可以重新分析。研究被试的个人信息是受到保护的，但除非法律阻止数据发表，否则我们都希望心理学家把数据公开，提供给其他有能力的专家使用。对于一个可重复验证的实验，实验中的任何私人信息都要被删除或是重新编码，以做到严格保密。但是在某些情况下，实验中的专家和研究的赞助者可能会被编写在内。课程论文是非发表物，不过教师有权要求撰写论文的学生提供论文的原始数据，包括列出被试的原始分数。

在讨论论文抄袭问题前，我们将提到一个衡量学生是否抄袭的重要标准。歪曲任何已发表或公布的研究结果都是不道德的。如果数据已在别处发表或报告，那么我们应该告诉读者这个研究源于哪里。这一道德准则的目的是避免读者误认为该研究只是重复了已有的研究结果。对于因为课程需要而写论文的学生来说，这一准则是指为得到另外的学分在不同课程中提交相同的作业，这不符合道德准则。但是，假设一个学生写在一门课程中的是某问题的试点研究，又在另一门课程中进行了后续研究，然后将两门课程中的研究分析结果应用于第二门的课程论文中；又或是某学生对于一门课程的论文的评论是基于另一门课程的论文，但进行了更加宽泛的评论。这两种情况下写作的学生都应当事前和老师讨论他们的写作计划。如果老师支持，学生可以在文章最终稿的首页加一段话，说明重复的材料或内容的原委，这样做就证明老师已经认可了你的做法。

7.6　避免抄袭

大多数教授写作课程的教师特别强调论文的独创性，并声明抄袭的含义和后果。抄袭源于拉丁语"绑架"(kidnapper) 一词，是指剽窃其他人的思想成果，并占为己有。理解什么是抄袭是很重要的。以不了解抄袭作为借口是不被允许的。坦白地说，窃取他人的成果并占为己有是不对的，这种行为无论是在道德上还是法律上都是不被允许的，在课堂作业或论文中，这种行为所导致的后果将会非常严重。

事实上，避免故意抄袭甚至是偶然的抄袭，是非常容易的事。你必须做的就是自始至终保持小心，努力对可能产生争议的资料重新措辞（并准确地指出出处），要不就逐字地引用并用引号把它括起来（当然也要写出出处和页码）。如果在同一段落里想使用40个或更多的词（如上文所引用的伯克和米尔格拉姆书里那两段一样），那么引号就可以不用了，用整段引用来替代——左边缩进半英寸，在文末最后一个句号后注明页码，并用小括号把页码括起来。

为了说明抄袭以及避免抄袭如此容易，我们假设一个学生以偶然翻阅的希萨拉·伯克的书为参考，写一篇短文，其中记录了以下段落：

> 欺骗和暴力——是人类故意攻击的两种形式。它们能强迫人们违背自己的意愿。人们因暴力受到伤害，也会因欺骗而受到伤害。但欺骗的方式更加巧妙，因为它会影响信念也会影响行为。甚至是奥赛罗，他也很少敢于运用暴力去征服别人，而是通过谎言来自我毁灭和杀害德斯德莫那。（伯克，1978,p.18）

如果学生以上述这样的方式引用，是不会有问题的，因为学生已准确地引用该段，也清楚地指出了它引自于伯克的著作（通过缩进整个段落），并且也恰当地注明了出处的页码。如果学生故意不提伯克的书，并改动一两个字使段落看起来有所不同，然后把它拿来当作自己的独创想法，这样就会出现抄袭的问题。

假设学生呈交的论文中包含的经改编形成的叙述性文本是下面这样的。

> 欺骗和暴力是对人类故意攻击的两种形式。它们能强迫人们违背他们自己的意愿，暴力会使人们遭受最大的伤害，欺骗也会如此。

然而，欺骗的支配更加巧妙，因为它会影响信念也会影响行为。甚至是奥赛罗，他也很少敢于运用武力去征服别人，而是通过谎言来自我毁灭和杀害德斯德莫那。

尽管它看上去像是一篇 A 等的论文，但当你看了论文的余下部分后就会发现文章显得很不自然，教师很容易就会发现前后不一致。

应该引起重视的另一个问题是：一名教师曾告诉我们"虽然改动作者文章中的一两个字，未引证原始资料，并将之作为自己的成果是很过分的事情，但许多教师即使遇到这样的事情，也认为并不是问题"。这名教师告诉我们，一个常发生的问题是学生用诸如"根据伯克 (1978)"这样的话来开头，然后只改变一些字，简单地重复一个几乎是逐字引用的段落。在每句话里仅仅改变一两个字是不合法的，它仍然是一种抄袭。学生得把作者的思想用自己的语言重新表达。

当然，如果你认为某人说的话比你表达得好，那么可以对材料进行引用或重新措辞。下面是在不抄袭的情况下，学生结合伯克观点的例子：

> 伯克（1978）举了一个例子来说明，欺骗和暴力"能强迫人们违背自己的意愿"（p.18）。她指出，欺骗的支配更加巧妙，因为它影响信念。通过运用文学上的类比，伯克说，"甚至是奥赛罗，他也很少敢于运用暴力去征服别人，而是通过谎言来自我毁灭和杀害德斯德莫那"（p.18）。

电子抄袭与纸质材料的抄袭同样不被允许。电子抄袭同样也很容易被发现，记住，如果你发现网上有想使用的资料，那么诚实地引用同样重要。有一种利用专门算法并会持续更新的搜索方法，教师可借助其检查抄袭的资料。现在已有几千所大学使用这种方法，这样就会有效地防止抄袭现象。如前面所说，最好保留你的笔记、大纲和初稿，因为当研究成果的独创性问题受到质疑时，教师就会向学生索要原始资料。

7.7 不要陷入惰性写作

在知道引用和引证不构成抄袭时，一些懒惰的学生便会呈交全是引用材料的论文。除非你认为通篇的长段落引用是必要的，否则应避免这样的引用。引用他人文章的适当理由是什么呢？例如，如果你陈述两个相对立的观点，想要客观、确切地指出两者的地位，那么你可以直接引用；或者某人的观点令人信服，你认为引用其中一部分可以提高你的表达水平，这种情况也允许引用。

在某些情况下，引用某些资料（附引证的出处）是可行的。但是，大量引用文章表明你的论文并不深刻，这就是惰性写作。教师期待你在阅读和综合恰当资料后，论文能反映出你的思想。惰性写作并不会带来像抄袭一样的严重后果，但你在该课程上会得到一个低分数。低分数的理由是，惰性写作传达的是这样一种印象，即该学生没有为作业付出很多努力。如果你真的无法用自己的语言来陈述，那么教师就会断定你并没有充分理解内容就开始了写作。

7.8 使用正确的语气

当你写作时，记住确定论文的基本风格。论文的语气是一种风格和态度，它反映了你表达思想的方式。论文的语气既不应傲慢自负，也不应华而不实，并且不应单调乏味，或是让人看得心烦意乱，也不能读起来沉闷无趣。在心理学学术论文或研究报告中，如何使用一种恰当的语气呢？这就需要你有耐心，并不断地练习，同时积极主动地向他人学习，从研究者和其他学术专家那里学习如何用一种恰当的语气来清晰地传达和有效地表达他们的思想。

以下是一些如何使用正确语气的技巧。

- 力图用一种清楚、简明、有趣而非情绪化的方式来表达你的想法、发现和结论（如范文中表述的那样）。

- 试着不要让人觉得做作、不舒服或过于刻板（不要用"在作者的观点中"这样的说法，说"我认为"就可以）。
- 不要用非正式的或是很随意的方式写作（例如"这是约翰·史密斯所说的话"或"因此我告诉研究参与者"）。不要让人听上去油嘴滑舌，别像网络和电视上伶牙俐齿的报道和超市里的小广告一样。
- 争取用一种客观而直接的语气使你的读者信服你所呈现的资料。避免写"读者将注意到结果是……"，直接写"结果是……"的表达。
- 如果你的老师同意，就别担心使用第一人称（但别通篇使用），不要称你个人为"我们"，除非你清楚地指出与其他人有合作。
- 避免冗长。在威廉·斯特伦克（William Strunk Jr.）与怀特（E.B.White）创作的著名的写作手册《风格的要素》（*The Elements of Style*）中，一个最重要的忠告是"省略不必要的词汇！省略不必要的词汇！省略不必要的词汇！"

7.9 关于性别歧视语言的问题

　　关于言语的性别问题及它所造成的负面影响，这一敏感性话题已存在多年。在写作和谈话中，我们关心语言性别问题的理由是言语会有意识或无意识地影响人们的思想和行为，并且我们不想强化老套或偏见的行为。避免发生这种问题的一个方法是在合适的时候鼓励使用无性别语言，但是，有时候却必须使用跟性别有关的名词和代词。假设一种新药物仅在男性被试上施测，如果研究者没使用被试的性别代词，那么读者可能就会错误地推断结论对男女都适用。所以在写作时要注意用词贴切。

　　非性别歧视语言的问题得到重视后，许多作者使用"她/他"（s/he）和"他/她"（he/she）的人造词来避免词汇的偏见问题。*　"她/他"

---

* 本章此处及后面提及的许多语言表达问题，主要是基于英语用法的。所举示例语句均译为中文。个别例句需看英文原句才易理解的，在译文后加上原文。——编者注

和"他/她"的形式不仅让人觉得麻烦，而且如果在其中一种性别上有争议，那么"他/她"或"她/他"的使用就会误导读者，以为包括两种性别。另一种现在仍然很流行的精心设计的办法是错误地使用"他们"(they)，下面的例子在语法上是不正确的：

> 当"一个人"（a person）（单数）从一本出版资料上获得观点时，"他们"（复数代词）就必须恰当地引证该资料，而不是故意使用"她/他"和"他/她"。

> When a *person* [singular] takes an idea from a published source, *they* [plural pronoun, used instead of using the contrived *he/she* or *s/he*] must cite that source appropriately.

假设你想把两种性别都涉及在内，从语法角度上说这两种选择都是可以的。一种写法（但是比较繁琐）是写"她或他"（she 或 he），而不是"他们"：

> 当"一个人"（单数）从一本出版资料上获得观点时，"她或他"就必须恰当地引证该资料。

> When *people* [plural noun] take ideas from published sources, *they* [plural pronoun] must cite those sources appropriately.

句子不冗长的方法是把整个句子变成复数，也就是说，你既要使用复数名词也要使用复数代词。

> 当"人们"(people)（复数）从一本出版资料上获得观点时，"他们"（复数代词）就必须恰当地引证这些资料。

> When a *person* takes an idea from a published source, *she or he* must cite that source appropriately.

7.10　有关被试名称的争议

一些心理学家认为，"被试"（subject）这一术语也是一例语言歧视，他们认为，使用这个词贬低了参与到我们实验研究中的人。有趣的是，一些早期的心理学家用"反应物"（reagents）这个词形容实验中的参与者。

这个术语来自化学，表示在一个干净的试管中，在特定条件下小心地将一种物质与另一种物质相混合后所产生的一种可以预测的反应结果。然而，心理学实验研究中的"试管"（研究环境）和"反应物"（被试或参与者）并不全像化学反应中的那样。因为人类是具有感知力和主动性的，并且他们是带着需要、期望或焦虑，甚至其他一些心理品质来参与到我们的实验研究中的。

虽然在很久以前"反应物"这个术语就被"被试"一词所代替，但《APA 手册》中已提到：是否可将参与到我们实验研究中的人称为"参与者"（participant），因为相较于那些被动的反应物来说，他们毕竟是具有主动性的角色。现行版本的《APA 手册》给予了以下几点建议："在描写参与实验研究中的人时，要用一种既能感谢他们的参与，又要继承你所在研究领域一贯做法的方式。"还有一点需要补充一下，就是你要用适当的精度和足够的细节来清楚、准确地描述研究中的参与者或是被试（这本书中两种术语都会使用），这一点是很重要的。如果你的老师很喜欢使用两个术语中的某一个，那你的论文涉及"参与者"或"被试"时就要以老师的偏好为指导。（简·多伊使用了"参与者"这个术语，但是她也用"餐厅消费者"一词来指代他们。）

7.11 使用正确的语态

你写作中使用的动词形式会以两种语态表现：主动或被动。当句子的主语是通过所表达的动词来施以行动时，你就用主动语态来写作（"研究参与儿童通过……而反应"）。当句子的主语是通过所表达的动词来受动时，就用被动语态来写作（"通过研究参与儿童的……，反应被激起"）。

主动语态（好的）

如果你主要用主动语态来写作的话，那么就会形成一个更加生动且吸引人的写作风格：

埃莉诺·吉布森（Eleanor Gibson, 1988），一位知觉研究领域的先行者，认为人类知觉的发展是"一个不断螺旋上升的轨道发现"（p.37）。

Eleanor Gibson (1988), a pioneer in perception studies, argued that perceptual development in humans is "an ever-spiraling path of discovery" (p.37).

被动语态（不那么好的）

如果你主要用被动语态来写作的话，你的作品就不会像使用主动语态写的那么引人注目。

一种观点认为人类知觉的发展是"一个不断螺旋上升的轨道发现"，由埃莉诺·吉布森（1988），一位知觉研究领域的先行者提出（p.37）。

It was argued by Eleanor Gibson(1988), a pioneer in perception studies, that perceptual development in humans is "an ever-spiraling path of discovery" (p. 37).

这个引用的段落也具有说明性。学生选择"一个不断螺旋上升的轨道发现"这一段落的理由是，它特别有说服力，并且学生自己写不出这样有力的表达措辞。此外，引用像埃莉诺·吉布森这种权威学者的话，可以给作者的个别论证增加分量。

7.12 选择合适的动词时态

当论文中使用的动词时态使文章变得混乱时，你必须遵循以下两条基本规则：第一，使用过去时报告已完成的研究 (Jones and Smith found...)。一篇实证型论文，方法和结果部分通常用过去式来写，因为你的研究已完成（In this study, data *were* collected...）；第二，使用现在时去定义术语（A stereotype *is* detined as...）。现在时通常被用于一般性陈述（Winter days *are* shorter than summer days）。

有些研究者在研究报告里，在将要调查的结论部分使用将来时态 (Future research *will be* necessar...)。但是使用将来时并非必要，相反，你可以用现在时来表达（Further investigation *is* warranted...）。

我们在这些例子中使用省略号，是为了向你介绍这种标点符号。通常，在一个引文较长的段落后使用省略号来表示部分文字已被省略。例如，下面就是对希萨拉·伯克书中 7.3 节中内容的引用，省略号的部分代表内容被省略。

> 教授是否应该夸大其学生的长处……因为这样可以让他们在紧张的职位竞争中有更好的就业机会……为了揭露贪污腐败，记者该不该对搜寻信息的人隐瞒事实？

7.13　确保主语和动词一致

论文中的每个句子必须表达一个完整的意思，并且要有主语（一般来说，指执行动作的某事物）和一个动词（执行一个动作或对某存在物实施动作）。

动词和主语要一致：

在以下这个例子中，由于主语是复数（study participants），所以动词要使用复数形式（were）。因为英语语法规则要求动词与主语保持一致。

> 研究参与者（study participants）［主语］是（were）［动词］达到基础心理学课程要求的学生们。

> The study participants [the subject is plural] were [the verb is plural] introductory psychology students who were fulfilling a course requirement.

集合名词的单复数动词：

在大多数句式中，达到这种一致性是一件很简单的事，但有时也会出现错误。比如，当你使用集合名词（collective nouns）时（那些命名一个团体的词，如委员会（committee）、团队（team）、教职工（faculty），它既是单数又是复数。当你想把这个团体看做一个单一的单元时，就使用单数动词（"联盟被准备建立"——The union is ready to settle）。当你想指代一个团体的组成成分时就要用复数动词（"在争端中学院成员被分划开了"——The faculty were divided on the issue）。

帕特里夏·T. 奥康奈尔（Patricia T. O'Connell）在她的畅销书《哀哉我也》（*Woe Is I*，Random House，2009）中的第 3 章，提供了一个关于怎样决定动词单复数的建议：当你无法确认一个句子中的主语应该使用单数还是复数时，如果在这个单词前面有"the"，如团队（the team）、委员会（the committee）、夫妇（the couple），那么这个句子的主语应该是单数，并且谓语也要是单数的。如果在这个单词前面有"a"，如团队（a team）、委员会（a committee）、夫妇（a couple），那么这个句子的主语应该是复数，并且谓语也要是复数的。奥康奈尔提示我们说，all，any 及 none 可以是单数也可以是复数，也应该考虑到单词的使用情景，如果你使用的是"all of it"或是"any of it"或是"none of it"，那么这里要用单数动词，如果你使用的是"all of them"或是"any of them"或是"none of them"，那么这里要用复数动词。

当几个词置于主语和动词之间时，问题也会突然出现，看下面这个句子：

　　治疗（therapy）[单数主语]，结合了行为有机体重量增加的方法，证明了（exemplifies）[单数动词形式]这一研究。

　　Therapy [Singular subject], in combination with behavioral organic methods of weight gain, exemplifies [singular verb form] this approach.

这个句子语法是正确的，这是因为主语是单数（therapy），所以跟随这一名词的动词也是单数（exemplifies）。主语是单数而动词形式是复数的语法错误句子如下：

　　治疗（therapy）[单数主语]，结合了行为有机体重量增加的方法，证明了（exemplify）[复数动词形式]这一研究。

　　Therapy [singular subject], in combination with behavioral organic methods of weight gain, *exemplify* [Plural verb form] this approach.

当学生使用诸如每个人（everyone）或没有人（nobody）之类的词时，可能会对有关使用单数或复数的动词形式的问题疑惑不解。在以下这些词后使用动词单数形式：每个（each）、任一个（either）、每个人（everyone）、某人（someone）、两者都不（neither）、没有人（nobody）。下面是一个语法正确的句子：

> 当每个人［单数动词］都准备好后（When everyone is ready），
> 实验就会开始（the experiment will begin）。
>
> When everyone *is* (singular verb form) ready, the experiment will begin.

7.14　一些常见的用法错误

7.14.1　易混淆的同音异义字

英语中有一些成对的发音相似的单词（它们被称为同音异义字），它们常被人混淆。文字编辑器的拼写检查功能也不会发现这些错误，所以你需要认真校对自己的手稿。老师建议，学生在递交论文之前应大声朗读校对，避免因略读而造成的拼写错误。

例如，"affect"和"effect"这一对同音异义字，即便你通过大声朗读校对论文也会混淆。这里有帮你区分这两个同音异义字的技巧：

- 在大多数情况下，"effect"是一个名词，意思是"结果"（outcome，如在"攻击通常是受挫的结果"这句话中），而"affect"是一个动词，意思是"影响（to influence，如在"受挫程度影响人的行为"这句中）。
- 但是，"effect"也能用作动词，意思是"带来"（to bring about，如在"临床干预带来了一个重大的改进"这句中）。
- "affect"也可用作名词，意思是"情感"（emotion，如在"一些病人参与了这项临床实验，表现出了积极的情感"这句中）。

7.14.2　常见术语的单数和复数

另一个潜在的问题是错误地使用一些相似术语的单复数。以下是正确的单复数形式：

	单数 (Singular)	复数 (Plural)
分析	analysis	analyses
异常	anomaly	anomalies
附件	appendix	appendixes 或 appendices(两个都对)
标准	criterion	criteria
数据	datum	data
假设	hypothesis	hypotheses
现象	phenomenon	phenomena
刺激	stimulus	stimuli

例如，学生论文中常见的是 phenomena（复数术语）与 phenomenon（单数术语）的错误使用，如"这种现象是有趣的 this［单数代词］phenomena［复数主语］is［单数动词］of interest"。正确形式可以是"这种现象是……"（this phenomenon is）（单数的主语和单数的动词）或"现象是……"（the phenomena are）（复数的主语和复数的动词）。

"data"也是一个易混淆的词，大多数语法学家觉得他们在这个问题上已经失败了。在纽约时报和其他大多数医学出版物上，"data"出现了单数和复数的名词形式。严格地说，"data"这个单词是复数，而"datum"是单数，但是"datum"几乎已从普通用法里消失。解决这个问题的一个方法是：使用"data set"这个词代表单数，而使用"data sets"这个词代表复数。但是，如果你要用"data"作为一个名词，那么就要注意不要使用动词的单数形式。尽管如此，在 APA 格式里，要想正确地使用这些词，就不要写"The data［复数主语］indicates［单数动词］..."或"The data shows..."，而要写"The data indicate［复数动词］..."或"The data show..."。

7.14.3　两个之间的用法 (Between & Among)

过去，另一组常见的易混淆单词是"between"和"among"。高中英语课上曾说"两个之间"用 between，而"两个以上"时则用 among。但是，这样的区别似乎也在现有的语法规则中消失了。例如，《韦氏大词典》（第十版和第十一版一样）否认了"between"和"among"两词区分的正确性。在方差分析（ANOVA）中，即使区分成两个以上水平，目前常规用法也是"平方和之间"（between sum of squares）和"均方之间"（between mean square）。

7.14.4 前缀

在心理学术语中一个常见问题是有关前缀的使用：

- 前缀"inter-"的意思是"在……之间"（between）。例如，"interpersonal"意思是"人与人之间"（between persons）；前缀"intra-"意思是"内部"（within）。例如，"intrapersonal"意思是"内心的"（within the person）。
- 前缀"intro-"的意思是"向内的"（inward）或"内部的"（within）；前缀"extra-"的意思是"外部的"（outside）或"超出"（beyond）。心理学术语内向（introvert）指的是"内部指向的人格"；心理学术语外向（extravert）表示"外部指向的人格"（但是，纽约时报和其他大量的医学刊物把"extravert"拼写为毫无意义的"extrovert"）。
- 前缀"hyper-"的意思是"过多"（too much）；前缀"hypo-"的意思是"不足"（too little）。因此，术语甲状腺功能减退（hypothyroidism）指的是一种甲状腺激素缺乏，甲状腺功能亢进（Hyperthyroidism）表示一种甲状腺激素过量，多动（hyperactive）儿童就是活动过度的儿童。

7.15 数字的用法

如果要表示数字，我们使用"figures"和"digits"这两个术语（1，10，100 等），当描述特殊数字时，需要将数字拼写出来 (one，ten，one hundred 等）。一般而言，《APA 手册》建议拼写出十以内的数字（one，two，three，four，five，six，seven，eight，nine），用阿拉伯数（10，20，30，40）来说明多于一位数的数字。例如，简·多伊使用"两百万人"（two million people）作为她引言部分的开篇句。下面有 7 条关于使用拼写数字及阿拉伯数字的 APA 规则。

1. 虽然不建议你用一个数字来开始一个句子，但如果你非要这样写，那就拼写出来（"29 名学生作为这项研究的志愿者——Twenty-nine students volunteered for this study"或"14% 的参与者给出肯定反应——Fourteen percent of all the participants responded in the affirmative"）。

2. 在短语和句子里，数字表达成文字时应该拼写出来（如在"双侧检验——two-tailed test"中或句子"仅有 2 名参与者拒绝继续这项研究——Only two of the participants refused to go further in the study"）。

3. 比起数字 0 和 1 来，拼写出 0（zero）和 1（one）让人更易理解如"零和博弈——zero-sum game"或"单词语反应——one-word response"。

4. 当个位数是组成的一部分时，使用阿拉伯数（例如，"25 名参与者中有 5 名没有回答出这个问题——5 of the 25 participants failed to answer this question"）。

5. 数字直接在度量单位前，就算这个数字只有一位数，也要用阿拉伯数字表示（例如，3 cm 或 9 mg）。

6. 使用阿拉伯数字来表示年龄和时间单位（4-year-old，3months，2days，9minutes），度量单位（3%）在参考书目上也用数字来表示（pp.4-6，2nd ed.，Vol.4）。

7. 对大家熟知的表达就用一般形式（圣经十诫——the Ten Commandments）。

报告单数和复数及长的数字序列和物理测量时，有另外 3 条 APA 规则，如下：

8. 在报告复数时，加上一个不带撇号的 s，因此复数 1990 就为 1990s，复数 20 就是 20s。

9. 三个阿拉伯数字为一组，用逗号隔开（1,000,000），但页码（page 1225）、二进制数（001001）、序列号（345789）、自由度以及十进制小数点右边的数（3.14159）除外。

10. 在报告物理单位时，用公制。例如，1 英尺报告为 .304 8 m（或 meter），1 英寸变为 .025 4 m。为了避免混淆，你可以在小数点前加一个 0（0.304 8 m 或 0.025 4 m）。

7.16 重视标点符号

7.16.1 句号

APA 除了有逗号在报告数字时恰当使用的规则外，还有使用标点符号的其他规则。注意以上所说，在"米"（meter）的缩写 m 符号后没有句号，因为 APA 格式里除了在陈述句句末使用句号外（句号总是用以结束一个陈述句），不会在符号后使用句号。但是，句点可以使用在物理单位缩写词之后，如以下常见的拉丁语缩写：

cf.	来自拉丁语 confer（"比较——compare"）
e.g.	来自拉丁语 exempli gratia（"例如——for example"）
et al.	来自拉丁语 et alia（"等等——and others"）
et seq.	来自拉丁语 et sequens（"以下等等——and following"）
ibid.	来自拉丁语 ibidem（"出处同上——in the same place"）
i.e.	来自拉丁语 id est（"那就是——that is"）
op.cit.	来自拉丁语 opere citato（"在列举的著作中——in the work cited"）
viz.	来自拉丁语 videlicet（"即——namely"）

如果你继续写"eg."或"et.al."，你就等于告诉老师，"我不知道这些术语的意思"！原因是"e.g."（非斜体）是两个单词的缩写（如

上文所指出的），而非一个。写"eg."表示你（错误地）认为它是一个单词的缩写。在"et"之后放置一个句点就是在告诉老师你认为（再一次错了）它是一个缩写，然而它不是，它是一个完整的拉丁语。

当你使用除"et al."（但是不要使用斜体）以外任一拉丁缩写词时，《APA手册》建议你仅在小括号和表格资料中使用，否则就该拼写出这些缩写词。可以表达为"例如"（for example）；在小括号里，你可以像下面这样把它写为"e.g."：

> 赫恩斯坦和默里（Herrnstein and Murray，1994）的书被广泛地讨论（e.g., Andery & Serio, 1997；Andrews & Nelkin, 1996；Carroll, 1997）。

当它不在小括号里，就把它拼写出来（"例如"），而非像"e.g."这样缩写它：

> 赫恩斯坦和默里的书被广泛地讨论，例如（for example）安德瑞和西瑞尔（Andery and Serio，1997）、安德鲁斯和奈金（Andrews & Nelkin，1996）以及卡罗尔（Carroll，1997）的成果。

另一种是紧跟一个句点的英语单词缩写格式，如下所述：

anon.	对匿名（anonymous）的缩写
ch.	对章节（chapter）的缩写（也可以写成 Ch.）
diagr.	对图表（diagram）的缩写
ed.	对版次（editor or edition）的缩写（也可以写成 Ed.）
fig.	对图（figure）的缩写
ms.	对原稿（manuscript）的缩写
p.	对页码（page）的缩写
pp.	对复数页码（pages）的缩写
rev.	对修订（revised）的缩写
v.	对相对（versus）的缩写（"有关"和诉讼案件中的"文件传票"）
vol.	对卷、册（volume）的缩写（也可以写成 Vol.）
vs.	对相比、对抗（versus, against）的缩写

7.16.2　不能使用缩写的情况

除了以上常见的缩写外，还有另一 APA 规则，那就是首次使用术语时要完整地拼写出单词。很多专业术语首次提到时不能写缩写，假设你多次提到"反应时"（reaction time）或一个名为"洪堡倒置测验"（Humboldt Upside-Down Test）的工具，那你在第一次提到它们时就要写"reaction time（RT）"或"Humboldt Upside-Down Test（HUDT）"，然后在论文的余下部分使用缩写 RT 或 HUDT。

这条 APA 原则也有例外，就是罗列在《韦氏大词典》里的缩写词的词条不需要在首次提及时全拼它。例如，IQ（智商）、REM（快速眼动睡眠）、AIDS（获得性免疫缺陷综合征）、HIV（艾滋病病毒）及 ESP（超感官知觉）等出现在《韦氏大词典》里的缩写，不需要在心理学论文初次提到它们时作解释或标注到小括号里。

7.16.3　逗号和分号

我们已说明逗号在数字里的用法，以下是逗号的其他用法：

　　1. 在一系列三个或三个以上的词语中，用逗号把每一词语分隔开（"Smith, Jones, or Brown"；"high, medium, and low scorers"）。

　　2. 在一句话中使用逗号将介绍性短语分开（"10 年后的另一实验，相同的研究者发现……"）。

　　3. 使用逗号分开并列的成分或短语（"这一变量，虽然不是研究者主要的假设部分，但已被研究"）。

　　4. 在并列连词（and, but, or, nor, yet）连接独立分句时［"被试减肥，但是（but）他仍能……"］，在并列连词前使用逗号。

在学生论文里，一个常见错误是用但是（however）、此外（moreover）或因此（therefore）等过渡词来连接复合句里的两个完整句时，在过渡词前插入一个逗号 *。例如，以下的写法在语法上是不正确的：

＊ 这里的逗号和分号的语法针对的是英语，部分用法与汉语不符。——编者注

参与者表露出不担忧，但是（however），很明显他们感到不舒服。

为了避免犯语法上的错误，你有这些选择：一种选择是在 however 前用分号替代逗号：

参与者表露出不担忧；但是（however），很明显他们感到不舒服。

另一种避免误用逗号的方法是把复合句分成两个句子：

参与者表露出不担忧。但是（however），很明显他们感到不舒服。

第三种选择是用一个逗号放在连词（but）前来代替 however：

参与者表露出不担忧，但是（but）很明显他们感到不舒服。

作为一个通则，当两个独立观点的分句紧密联系时，特别是作者希望强调这种紧密性或对比这两种观点时，就要求使用分号。以下句子就是在语法上正确使用分号来连接观点的例子：

神经性厌食症是一种病人自己慢慢饿死自己的病症；虽然他们形容憔悴，但他们坚信自己是超重的。

Anorexia nervosa is a disorder whose victims literally starve themselves; despite their emaciated appearance, they consider themselves overweight.

在大多数例句中，这些较长的句子可分成两个较短的句子，这样会更清楚些：

神经性厌食症是一种病人自己慢慢自己饿死的病症。虽然他们形容憔悴，但他们坚信自己是超重的。

Anorexia nervosa is a disorder whose victims literally starve themselves. Despite their emaciated appearance, they consider themselves overweight.

7.16.4　冒号

一般来说，冒号表示罗列的内容紧随其后，或者提示下面有详细介绍。冒号告诉读者，"注意以下要说的"。这里有一个例句，我们可以看到一个用来表示罗列的内容紧随其后的冒号的用法：

被试给出以下术语：（a）4 只鸣叫的鸟，（b）3 只法国母鸡，（c）2 只畏缩的鸽子……

在附录 B 中约翰·史密斯的论文里，标题的冒号表示详细描述（"关于智力的复杂概念：两种不同的情况介绍"）。下面是另一个详述的例句：

加德纳（Gardner，1983）假设了两种人类智能的形式：人际智能和内省智能。

冒号的另一用法，在两篇样文的参考文献中可以看到，冒号被插入到书的出版地与出版者之间，例如，"Englewood Cliffs，HJ: Prentice Hall"和"Cambridge，MA：Harvard University Press"。

7.17　引文里标点符号的使用

我们说过引文中的省略号是用来表示所选文字中部分内容已被有意地省略。有时你会在引文中看到方括号，方括号内的文字不是原始引文的一部分，而是使用引文资料的作者插入的。例如，省略一些文字可能会使引文产生语法错误或使得一些内容不清楚，这两个问题都可以用在方括号里插入一些连接词的方法解决。

之前，我们也提到过在引用词的前后放置引号的重要性，有个例外就是由 40 字或更多字构成的引文中，引号就被省略了，这种引文通过缩进的方法处理。但是，如果在这较长的引文中包含了一个内部引用，就用双引号嵌入该引语中，如下例：

罗森塔尔和雅各布森（Rosenthal and Jacobson，1968）的研究结果阐述了哪些实践结论？他们写道：

作为教师培训，一开始就要教授一种可能性，即教师对学生的期待可能会起到实现预言的作用，是一种创造的期望。新的期望是儿童能够学会比他们自认为学会的更多的东西，许多教育理论家支持了这一期望，认为有许多不同的原因……至少，在面对教师所认为的"好吧，你又能期望什么呢？"这样一种不良期望时，新的期望就会使之更困难。街上游荡的一个人 [sic]，可能在他还是一个校园里沉闷的吊儿郎当的粗野孩子时，就被预言将来就会如此。学校教师可能有必要了解她的预言可能会实现；她不是一个过路人，她 [sic] 是

教室中的皮格马利翁。（pp.181-182）

> As teacher-training institutions begin to teach the possibility that teachers' expectations of their pupils' performance may serve as self-fulfilling prophecies, there may be a new expectancy created. The new expectancy may be that children can learn more than had been believed possible, an expectation held by many educational theorists, though for quite different reasons.... The new expectancy, at the very least, will make it more difficult when they encounter the educationally disadvantaged for teachers to think,"Well, after all, what can you expect？"The man [*sic*] on the street may be permitted his opinions and prophecies of the unkempt children loitering in a dreary schoolyard. The teacher in the schoolroom may need to learn that those same prophecies within her [*sic*] may be fulfilled; she is no casual passer-by. Perhaps Pygmalion in the classroom is more her role (pp 181-182)

当引文少于 40 字时，就要使用双引号，这样引文就会直接地被插入到文本中作为正文的一部分。如果更少的引语出现在引文中，那么就使用单引号放在引语中，如以下句子：

> 参与者 B 反应，"关于这一困境，我的感受被吉姆简要概括了，他说'这是一项困难的工作，但某人已经从事它了。'"

正如这个例子所描述的，如果句末恰当的标点符号是一个句号，那么它就要落在引号内。同样的规则适用于逗号，它也插在引号内。但如果恰当的标点符号是一个冒号或分号，那么它就紧随引号的后面。

在以上的长引语中，以"作为教师培训……"开始，以"……她是教室中的皮格马利翁"结束，注意出处页码在末尾出现，并加上了括号。也要注意"sic"这个词放在两个地方（拉丁语，"因此"的意思）被嵌入方括号，它表示一个字或短语在逐字引用时出现在不正确的地方。如果你想使引文忽略性别，那你就要像所示的那样在方括号里插入"sic"这个词。但要注意，我们不能在每个性别词后都插入"sic"。在引文的第 4 句里，男性代词"his"后没有放置"sic"，因为参考文献上是"man on the street"。在第 5 句里，女性代词"she"后也没有放置"sic"，因为文献上是"within her"。

7.18 认真保存稿件

下一章，我们将关注论文终稿写作的细节。这一章我们主要关注初稿，你并不是第一个丢失电脑文件的人。当你需要在一个非常紧张的时间期限内完成自己的工作时，文件的丢失会造成很大的麻烦。突然断电或意外按错键盘，会将你的稿件弄丢。因此为防止其丢失，要记得保管好自己的成果。

保存稿件的一个方法是在写作时使用自动保存文档，或是安装好备用电池。另一个方法是当你要停止一天的工作或是要休息一会时，都由自己来保存相关文件，这样在休息一段时候后再开始工作时，还能保持比较清晰的记忆。如果你使用笔记本电脑来写作，记得安装好备用电池，并且设置成在快没有电的时候它可以发出声音来提示，这样即使突然断电，你也可以保存好文档并关机。

8
写作终稿

本章为你修正初稿和创作终稿提供指导和技巧，终稿的排版和制作就像蛋糕上的糖霜，如果底层结构是完好的，那么结果就会顺利且可以预知，并且符合本书中描述的规范。

8.1　修正初稿

前面章节的目的是引导你写作自己论文的初稿，然后下一步就是来修改初稿了。当你经过休息之后（理想状态是 24 小时或者更多），再着手处理自己的文稿，你的评鉴能力会变得更敏锐，你会清晰地看见所有的语法错误，逻辑上的不当之处和其他的问题，此时修改稿子就会变得明确和简单。

当你重读自己的文稿时，考虑以下的一些建议。

- 确保文章正确地表达了你的主要观点。
- 把那些包含了许多不相关观点的长段落分解为更短小、更清晰一致的段落。
- 描述要具体并且适当的精确。
- 要根据词义而不是词音来选择词汇。
- 当短句可以表达清楚的时候，不要用长句。
- 不要让拼写、语法或者标点符号的错误破坏了你的文稿。

　　文字编辑系统里的拼写检查和语法检查用于检查错误、提供正确选择，以及自动提示你选择修改还是忽略错误。这种检查并非绝对可靠，因此不要让它们使你产生一种虚假的安全感，认为它们能代替细心的校对。文字处理系统里的拼写检查有一个单词列表作为参照，而心理学家和其他专家所使用的学术术语并非都在文字编辑系统的单词列表里。拼写检查系统会频繁地提示你去修改那些存在时态、单复数错误的词汇，你在修改这些词汇时要谨慎。你需要有一本不错的词典在手边，便于当你对系统提出的修改建议有疑问时参考。

　　语法检查可用于标记出语法或格式错误的句子、短语或者从句。当电脑程序检查出问题时，它会建议一个或者两个替代选择，提示你是接受其中一个建议还是忽略全部。有时会发生语法检查把排印错误理解为语法错误的情况，但至少它使你意识到一个需要改正的排印错误。不过语法检查经常出错，因为它们时常"套用"正确的格式，而未能识别实际格式上的错误。因此许多有经验的作家会关掉语法检查。如果你希望仅在你需要它的时候使用，你可以暂时关掉它，或者你可以设置它在错误处自动标记。手边有一本或者两本好的语法书也是有用的，例如最新版的斯特伦克与怀特的《风格的要素》和奥康奈尔的《哀哉我也》。

8.2　定　稿

　　现在我们开始对你终稿的格式进行规范。以下是一些以 APA 格式为基础的大体指标。

- 如果你已经读了第 6 章，你可能记得 APA 格式要求在所有图表中使用无衬线字体（没有花体或者变体）。对于原稿正文，《APA 手册》推荐使用一种衬线字体，例如 12 号字的 Times New Roman。
- 在所有文本行之间使用两倍行距，并且将标题、页眉、注释、引用、参考文献和图表标题中的每一行都提行。APA 规则的例外情况——三倍和四倍行距在"特殊情况"下是可接受的。（例如扉页或者在一个方程的前和后。）

· 在每一页的顶部、底部和两边都留下至少 1 英寸的页边空白。

· 使用 6½ 英寸的最大行长度。

· 右边距不对齐（一个不规则边缘），并且不要在一行的末尾拆分词语或用连字符拆分一个单词。

· 虽然默认设置在大多数文字处理程序中也是可接受的，但《APA 手册》建议设置每个段落的首行缩进 ½ 英寸或者 5 到 7 个字母位。

简·多伊的论文（附录 A）说明了一篇没有表但是有图的论文在最终定稿时的页数安排。（简的论文中有两个表格，但是没有图。）

扉页（编号第一页）

摘要（编号第二页）

正文（从第三页开始）

方法（没有分页符）

结果（没有分页符）

讨论（没有分页符）

参考文献（在一个单独的页面开始）

注释（在一个单独的页面开始）

表格（每一个都在一个单独页面开始）

图表（每一个都在一个单独页面开始，并且在同一页上显示图表的标题）

附录（在一个单独的页面开始）

约翰·史密斯的论文（附录 B）说明了综述型论文的页数安排：

扉页（编号第一页）

摘要（编号第二页）

正文（从第三页开始）

参考文献（在一个单独的页面开始）

注释（在一个单独的页面开始）

表格（每一个都在一个单独页面开始）

图表（每一个都在一个单独页面开始，并且在同一页上显示图表的标题）

一旦确认页数顺序正确，就应该从标题页开始，在右上角对它们连续编号。这可以通过文字处理程序的自动插入功能来实现。请注意在简和约翰的原稿中，页眉标题是一些取自于标题全称的单词，并且它们使用大写字母左对齐的格式，与右边的页码在同一行上。页眉标题会使识别每一张原稿页面变得更容易。

当你在自己的原稿中做这些改变时，请做好保存和备份工作。我们的习惯是定期地打印出来。即使你只需要提交你的终稿，但一个打印好的副本会使你检查和修改布局更容易，并且可以用来确定整篇文章在结构和内容上都是你想要的结果。在电脑屏幕上拼写错误不那么明显，而且可能使你看不出论文不清晰、有错误、不精确或缺乏一些必要的细节的地方。当你浏览一份打印好的文稿时，这些问题会更容易被发现。

8.3　论文题目的格式

浏览一下简和约翰的论文的标题部分。标题总结了论文的中心思想，一般位于页面顶端的居中位置（注意，标题重复出现在每篇样文的第 3 页）。一个好标题是简洁的，并且要向读者充分表达论文的要旨。如果你在初级阶段就确定了标题，但你认为它不精确或无法完全概述全文的话，在后期可以改变标题使之更明确，APA 格式要求在书名和标题上，字母 4 个或更多的介词要首字母大写。因此如果论文标题有 With 或 From 时，你一定要首字母大写这两个单词。注意在简和约翰的文章标题中，单词 of 和 on 没有首字母大写。

学生的姓名（署名）在文章题目下方出现，在署名的下方是学术机构的名称。

在作者声明中学生要对作品的原创性负责，并且标明教师的姓名和课程的名称。这个声明也给你一个答谢那些帮助了你的人的机会。这个声明以提供联系信息结束，例如你的电子邮箱或者邮件地址。

提交论文给教师的日期出现在标题页的最底部。

8.4 论文摘要的格式

当完成论文之后，你需要在一个单独的页面上（第 2 页）撰写摘要。摘要就是用一个单独的段落概述全文。在第 4 章（4.3 节），你会找到关于写摘要的指导。注意在简和约翰的终稿中，"摘要"二字是居中的，用黑体字，不用斜体字。

8.5 论文标题的格式

把一篇长论文分为数个章节，并且给每一个章节提供一个简洁但高度概括的标题是写作的惯例。这些章节标题的目的之一是提供一个总体框架，使读者在依次阅读论文标题或论点的时候，清楚自己在阅读论文的哪一个部分。另一个目的是方便作者组织自己的思路，以使每个段落中的主题不相互混淆。第三个目的是引导读者按作者的逻辑思路，从最重要的主题、问题或信息到最不重要（但仍要切题）的按顺序进行阅读。

如果你正在写一篇综述型论文、学位论文或其他课程论文，你先前写的论文的大纲差不多就提供了各级标题。约翰·史密斯将标题和副标题恰当地应用到他的综述型论文中，它体现了论文用语的简洁。约翰的论文使用了两种标题格式：居中和左对齐。这也体现出了标题的等级。在 APA 格式中，居中标题是一级标题，用于标识论文的几个主要组成部分。在简和约翰的论文终稿中，一级标题是居中的，并且大写和小写字母均使用黑体。

二级标题是左对齐的格式，大写和小写字母使用的同样是黑体。第三级标题首行缩进使用黑体，仅第一个字母大写，标题的结尾用句号。

约翰在他的论文中只使用了一级和二级标题。但在简的论文中，她使用了三个等级的标题，如下：

结　果

得分和计算
全部的结果
　　　基础的数据。
　　　综合性 *F* 检验。
集中统计检验
　　　假设一。
　　　假设二。
　　　假设三。
　　　对比 *F* 检验。

在简的以上两个三级标题中，符号 *F* 大写并且使用斜体，因为它是在该部分中讨论的特有的统计检验名称。如果你需要使用多于三个等级的标题，APA 格式对于第四级标题的要求与第三级标题类似，但要斜体；第五级标题与第四级标题的要求也类似，但不能用黑体字。

8.6　斜体的其他应用

· 除了在一些标题和你的参考文献列表中使用斜体之外（第 3 章），还有一些指导方针会进一步帮助你决定什么时候使用斜体：惯常的用法是要求在叙述文本中书和期刊的标题使用斜体。下面一个例子引用自约翰·史密斯的论文："20 世纪 90 年代，赫恩斯坦和默里（Herrnstein & Murray, 1994）对一本名为《钟形曲线》（*The Bell Curve*）的书中发表的一个有争议的智商数据的重新分析，激起了一场关于……的激烈争论"。

- 英文字母用于表示统计符号时采用斜体：F，N，n，P，p，t，z 等。注意，有些要小写，有些要大写。这个区别是非常重要的。例如，大写字母 N 表示总体里单元的总数，而小写字母 n 表示在 N 中的一个小样本里的单元总数。
- 你希望强调的文字用斜体，（如，"作者宣称，有效的教学来自于认为学生能够表现出教师的坚定信念"），但是请慎重地使用这一用法。*
- 用于解释的单词也要采用斜体（"术语了解……"或是"……被称为了解"）。

顺便提一下，在约翰的引言首句中，外国的短语（约翰引用了一个古老的法国谚语）没有使用斜体。另外，即使统计符号是斜体的，非统计性质的下标却并不使用斜体。例如，简（在她的论文中）重复地使用"$r_{effect\ size}$"。这个 r 斜体是因为它是统计符号，但是下标"effect size"不用斜体。

8.7　重新检查引用和参考文献

在第 3 章中，我们提供了一些 APA 格式中引用（3.3 节）和参考（3.4 节）文献的范例。3.3 节中的展示 9 是一个简要的引用目录，3.4 节中的展示 10 是一个简要的参考文献目录列表。当你着手写参考文献列表时，我们建议你参考那两个表和第 3 章。你会在简的参考文献列表（附录 A）和约翰的参考文献列表（附录 B）中发现一些相似的条目，这些是第 3 章中引用的例子。再次提醒你参考文献部分需要另起一页，并且参考文献这个标题的格式是黑体居中（不用斜体）。参考文献全部是两倍行距，每个文献的第一行都是缩进（叫做悬挂式缩进）。APA 格式要求你把所有在你的论文中引用的文献（无论是正文中，还是文章的脚注中，还是表格或图表的注解中，还是附录中）都要列在参考文献列表中。

---

* 与英文不同，中文中强调多用黑体。——译者注

展示 18　州和地区的邮政简称

地　名	简　称	地　名	简　称
阿拉巴马 (Alabama)	AL	蒙塔那 (Montana)	MT
阿拉斯加 (Alaska)	AK	内布拉斯加 (Nebraska)	NE
亚利桑那 (Arizona)	AZ	内华达 (Nevada)	NV
阿肯色 (Arkansas)	AR	新罕布什尔 (New Hampshire)	NH
加利福尼亚 (California)	CA	新泽西州 (New Jersey)	NJ
科罗拉多 (Colorado)	CO	新墨西哥 (New Mexico)	NM
康涅狄格 (Connecticut)	CT	纽约 (New York)	NY
德拉华 (Delaware)	DE	北卡罗来纳 (North Carolina)	NC
哥伦比亚特区 (District of Columbia)	DC	北达科他州 (North Dakota)	ND
佛罗里达 (Florida)	FL	俄亥俄州 (Ohio)	OH
佐治亚 (Georgia)	GA	俄克拉何马 (Oklahoma)	OK
古阿姆 (Guam)	GU	俄勒冈州 (Oregon)	OR
夏威夷 (Hawaii)	HI	宾夕法尼亚 (Pennsylvania)	PA
爱达荷 (Idaho)	ID	波多黎各 (Puerto Rico)	PR
伊利诺斯 (Illinois)	IL	罗德岛 (Rhode Island)	RI
印第安纳 (Indiana)	IN	南卡罗来纳 (South Carolina)	SC
衣阿华 (Iowa)	IA	南达科他州 (South Dakota)	SD
堪萨斯 (Kansas)	KS	田纳西州 (Tennessee)	TN
肯塔基 (Kentucky)	KY	得克萨斯州 (Texas)	TX
路易斯安那 (Louisiana)	LA	犹他州 (Utah)	UT
缅因 (Maine)	ME	弗蒙特 (Vermont)	VT
马里兰 (Maryland)	MD	弗吉尼亚 (Virginia)	VA
马萨诸塞 (Massachusetts)	MA	维尔金群岛 (Virgin Islands)	VI
密西根 (Michigan)	MI	华盛顿 (Washington)	WA
明尼苏达 (Minnesota)	MN	西弗吉尼亚 (West Virginia)	WV
密西西比 (Mississippi)	MS	威斯康辛 (Wisconsin)	WI
密苏里 (Missouri)	MO	怀俄明州 (Wyoming)	WY

　　就像我们在第 3 章中提到的，在参考文献列表中美国的州和地区的名字（或者在你的原稿中其他任何地方提到的美国的出版社地点）应该缩写。这些缩写是美国邮政行业所使用的，为了方便你，都列在了展示18 中。

8.8 脚 注

简和约翰的终稿还展示了脚注的位置和格式。如果你认为需要有脚注，可以从参考文献列表后面新的一页开始写。"脚注"两个字要加括号和居中，并且就像范例中展示的那样，每个脚注是要编号的。APA 格式对于原稿的要求是把脚注放到参考文献后面。如果读者必须从正文中往前或往后翻来找脚注，这是一件麻烦事。因此，要谨慎地使用脚注，如果真的要用，格式参考范例原稿。其实，当学生休息一段时间后再看终稿，他们经常发现脚注中的重要信息可以被简明且完整地整合到正文中，或者他们会发现，脚注本来就是多余的信息，不值得保留。

8.9 论文表格和图的格式

表和图可用来优化结果的呈现。通常，论文里会出现表格，以简洁的格式呈现原始数据。如果你正在写一个类似的论文，在论文的附录中保存原始数据（就像简的终稿那样）。记住，论文结果部分中的统计表是用来总结数据和统计分析结果的。表格都放在脚注部分之后，没有脚注就在参考文献部分之后，占单独页面。如果你有一个或者更多的图表（在简的实证型论文中没有，但在约翰的综述型论文中有一个，见附录 B），每一个图表单独放一页，并且所有的图表均集中在同一个区域内。

简使用两个表格来总结她的一些统计结果，约翰使用一个单独的表格来明确霍华德·加德纳的原始七种智力类型。注意这些表格是有编号的，并且在编号后面有斜体的表格题目。题目使用大写和小写字母，表格的编号和题目都左对齐。如果你想加一个注释来解释某事，"注释"两个字（使用斜体，结尾用句号）放在你想说的话之前，并且整个注释左对齐，不用段落缩进。简的表 2 中也有一个标上星号的脚注，表明表中的 F 值中有两个是统计学上 $P<0.0001$ 显著的。

APA 格式是使用上标的星号（*、**、***）或者上标的小写字母（a、

b、c) 在表格里增加特定的注释。星号的注释可表明多个显著水平：

$$*p<0.05 \quad **p<0.01 \quad ***p<0.0005$$

如果你想使用上标小写字母的注释来表示样本大小，就像下面这样写：

$$^{a}n=50 \qquad ^{b}n=62$$

如果你的论文中有表格，注意在范例终稿中，表格的每一列都有一个标题来定义这一列中的项目。重要的是保证你的表格标题清晰、简明、信息准确，使每一个读者都可以明白表格里是什么。如果你的论文中有图，注意在约翰·史密斯的论文中，"图 1"这一项是斜体并且带有句号，图的题目（标题）不用斜体，它读起来像一个短语，用句号结尾。

8.10　学生论文中的附录

如简·多伊论文的最后一节所示，附录也从一个新的页面开始。综述型论文有附录的情况不太常见。不同的论文附录中的材料是有很大不同的，附录的格式应该由其中所包含的材料决定。唯一的规则就是每一种类型的信息或者材料都应该放在一个单独的附录中。例如在简的论文中只有一个附录，没有必要用"附录"之外的文字标注它，字体居中并使用黑体（没有引号）。但是假如你在研究中使用了一份问卷并且老师要求你在终稿中附上问卷原稿。你就可以标注一个"附录 A"命名为"原始分数和统计计算"，再标注一个"附录 B"命名为"在研究中使用的问卷"。

8.11　校样和修正

现在，我们进入到你提交论文前的最后一步：校样和修正。反复多次地阅读终稿，最好能大声朗读（这样你就能找到像 too 用成 to 的错误，这是电脑软件拼写检查和语法检查所容易忽略的错误）。问自己下面几个问题：

- 有漏掉的字词吗？
- 有拼写错误吗？
- 数字正确吗？
- 连字符连接正确吗？
- 所有在文章中引用过的文献（包括在脚注、表格、图表和附录中）都出现在参考文献部分里了吗？

第一次阅读终稿时，整洁和干净的稿子可能会使你忽略掉错误。把论文放置 24 小时，然后再仔细地阅读它。在你校正了错误之后，再看看论文，检查所有页码和它的顺序。如果你能遵守本书的指南，你应该会为论文将要获得高分而感到自信，这种高分是一篇清晰、连贯且有吸引力的论文所应当得到的。

精心制作海报和分发稿

海报和分发稿是在讨论会中呈现研究内容和主要结果的一种视觉展示方式。海报作者通常用它向感兴趣的来访者提供论文的简要提纲。注意不能舍弃重要的细节，而是将文章归纳成几个相关的成分，呈现出最核心的部分，这种做法将教会你筛选核心信息的艺术。

9.1　海报和分发稿

对于学生而言，实证型研究已日益成为常见的研究方式，该类研究不仅要有一份详细的结果报告，而且还常常要以海报（poster）的形式展示研究结果。有些海报或许还会在会议上展示，格式虽不统一，但有各自的标准和要求，它们由每个会议的组织者决定。

如果你有机会参加学术讨论会，你就可以评价会上那些海报的视觉效果。哪张海报吸引了你？是什么原因导致一些海报比另一些海报更具有吸引力？

海报的展示者如果计划做更深入的研究，或者打算将研究成果写成文章投稿，他们将通过海报的形式获得许多有价值的建议与意见。如果海报不吸引人，就会失去得到他人反馈和与他人讨论的机会。因此，创作一张有视觉吸引力的海报是非常重要的。本章我们会给你提供一些指导。

为了补充海报的信息，通常要准备一份简要的提纲。用创作海报的方法与技巧去写提纲是不对的，而复制多份海报的成本又太高。而且，只有课堂的主讲教师希望你呈现信息量较大的学期论文，而其他人并非如此。因此，我们将说明如何将附录 A 里简·多伊的实证型论文精简成一份简洁但内容翔实的分发稿 (Handout report)。

9.2　海报指南

"海报会"通常用于交流，要求你在一个大房间或礼堂里展示你的资料；在那里你将看见几排展览板。举个例子，如果你准备张贴一张 APA 格式的海报，你首先要找到竖直排列的展览板，展板中对应报告作者的位置用字母和数字标识了出来。（如果你要在一个会议上展示一份海报但举办方并没有分配给每个参会者一个特定的展板，那将按参会者到达时间的顺序安排，先到先得。）通常用图钉和搭扣把每张海报固定在展览板上。在会议开始前，会议组织者就已安排一些海报的展示者，先把海报粘贴到一张纸板上，再把纸板简单地钉到展览板上。为了安全，最好多带些图钉。在展览板上写、画或是使用胶水是不允许的，你必须按照规定的时间来展示你的报告 (通常 10 分钟左右)，然后你的海报必须要移走，而且展览板要保持整洁，以便下一位到场者展示他的海报。

展示 19 提供了美国心理学协会 (APA)、心理科学协会（APS）及美国科学发展学会 (AAAS) 对海报的要求。例如，APS 和 AAAS 张贴板要比 APA 的宽 2 英尺，更大的面积就能展示更多的信息。值得注意的是，APA 和 APS 手册要求在展览板的左上方要有该研究的摘要。

你不可能符合每一种要求。这些具体的要求通常都能在举办会议的机构的网站上找到。要确保你的设计符合要求，可以采取以下做法：在开始设计海报前就找到对应的要求。在这些要求中，通常有一个关于海报排版灵活性的问题。举个例子，展示 20 给出了 APA 官网上提供的三份年度会议海报排版的样例。当然，不是所有的海报都设定有两个表一个图。你可能会问自己这样的问题：如果自己是参观者，哪个排版会更吸引人呢？或者是当展示自己的研究时，你会想如何调整这些排版呢？

展示 19　APA、APS 和 AAAS 的海报设计指南

海报的要素	APA	APS	AAAS
海报板面积	4 英尺高,6 英尺宽	4 英尺高,8 英尺宽	4 英尺高,8 英尺宽
易读性	≥ 3 英尺的距离	3 英尺的距离	5 英尺的距离
顺序	摘要（≤ 300 字）在左上方； 跟上有序的材料（使用数字、字母或箭头）	摘要（≤ 300 字）在左上方； 紧接着是排列有序的材料（使用数字、字母或箭头）	结论,支持性正文,以简短的总结结尾
标题和作者	至少 1 英寸高	至少 30 磅字	2~3 英寸高
正文字体	3/8 英寸高,最好用黑体字或用标签笔来表现手写字母	20 磅字或更大	24 号字,但可以使用不同颜色、大小和比例
各部分的标题	清楚地标注标题	至少 30 磅字	1/2~1 英寸高的副标题
表和图	简单、清楚和容易看到	清晰可读	图比表更受欢迎
分发稿	50 份复印稿,全部论文	50 份或更多复印稿	摘要（不指定数量）

展示 20　APA 海报排版样例

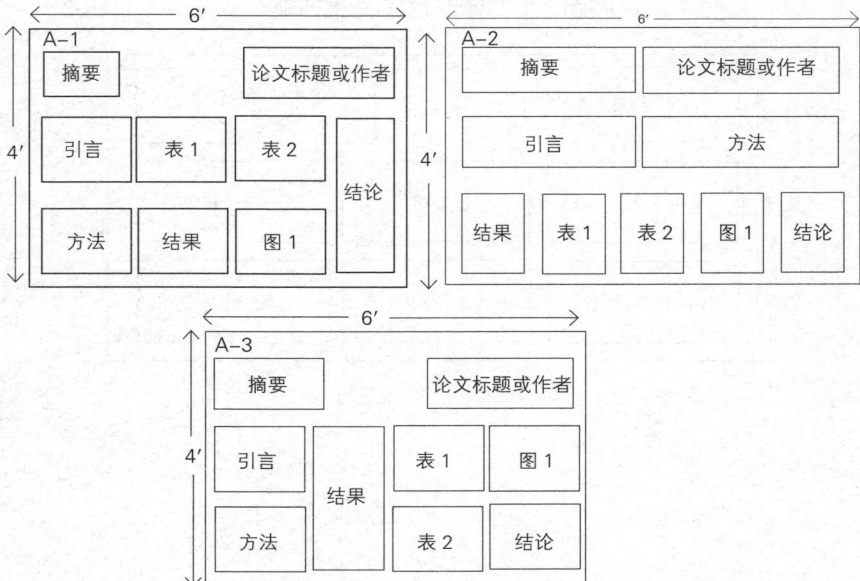

9.3 样例内容和排版

请看展示 21 中的样例，其报告内容及各个栏目的排版方式使之看起来不太紧密且使读者容易找到信息。APA 和 APS 均要求将摘要放在左上角，但其他版面被要求重新用数字标号。如果你选择这种方式，我们会建议，摘要呈现的方式不要像在一般论文中的那样，而是要写得更简洁，以此来吸引读者。一旦读者被报告的标题和摘要吸引，那展示 21 中按序号标记的各个栏目就能带读者浏览整个研究，包括一些更为详细的信息。

展示 22 把简·多伊论文中的信息填充到了展示 21 的框架中。展示 22 中缺少的信息是简论文的标题、她的名字和她的邮箱地址，这些信息都应该用黑体标出。在展示 22 中，你可以看出，简的海报抓住了研究的核心点。她还会有 50 份或更多的分发稿（在这一章较后部分会讲到），可以分发给感兴趣的读者。一旦你把海报做出来了，站在稍微靠后的地方看一下是否能很容易地读懂。你同样可以将海报给你的导师或其他人看，让他们就海报的可读性和设计提出客观意见。

展示 21　修改后的海报排版

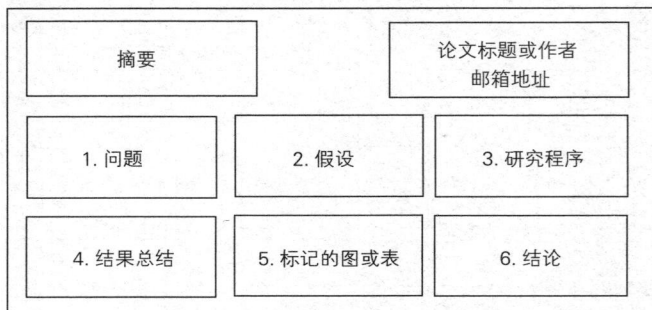

摘要	论文标题或作者 邮箱地址
1. 问题	2. 假设	3. 研究程序
4. 结果总结	5. 标记的图或表	6. 结论

展示22　修改后的报告内容示例

摘要

　　当服务员在给餐厅中的用餐者送账单时附送一份巧克力，服务员是否会得到更多的小费呢？当附送两份巧克力时，小费是否会更高呢？假设给予第二个巧克力的行为被解释为服务员的慷慨，那用餐者是否会用一个更加慷慨的小费来回报服务员呢？本报告中描述的随机实验的结果表明，上述每个问题的答案都是肯定的。

---

1. 问题提出

　　超过两百万的美国人以餐厅服务员为业，他们的主要收入通常是从顾客那里获得的小费。关于小费行为的研究发现，服务员使用以下技巧能增加消费：

- ·给顾客账单时，一秒钟内放在其掌心上。
- ·给予独自用餐者明显的笑容。
- ·下蹲到顾客视线高度的位置。
- ·在首次服务时告诉用餐者自己的名字。
- ·在账单上画上一个愉快的笑脸或写上"谢谢"。

　　所有这些技巧看似普通，服务员在使用它们时可能就会增加在顾客心中的友好印象。在本研究中，实验设计的操控条件是——提供给顾客一份饭后巧克力甜点。

---

2. 假设

　　有三个实验假设：

　　1. 提供一份巧克力甜点会被用餐者理解为一种友好行为，基于该设想提出假设：与"无甜点"的控制条件相比，甜点供应会鼓励小费行为。

　　2. 这种影响具有积累效应，基于该设想提出假设：每个餐桌提供2份巧克力甜点会鼓励更多的小费行为。

　　3. 交互作用研究发现，个体经常会感到有义务给对方一份报酬，而对方也把报酬理解为是一种责任。因此提出假设：用餐者认为第二份甜点反映了服务员自发的慷慨，此举仍然会鼓励更多的小费行为。

---

3. 研究程序

　　实验者是在新泽西州中部一家高档餐厅工作的一名女服务员，研究者向她提供一个装满带包装的小粒巧克力的小篮子，并给她80张索引卡，每一张卡片提示以下4个条件之一（以随机的顺序）：

　　控制条件：结账时服务员拿来账单（没拿甜点篮），感谢客人用餐，然后离开餐桌。

　　1份条件：结账时服务员拿来甜点篮，邀请每一位客人选择一份甜点，然后感谢客人用餐并离开。

　　2份条件：结账时服务员拿来甜点篮，邀请每一位客人选择两份甜点，然后感谢客人用餐并离开。

　　1+1条件：结账时服务员拿来甜点篮，邀请每一位客人选择一份甜点，并说："噢，再来一份吧。"——好像是一个慷慨的事后想法，然后感谢客人用餐并离开。

4. 结果概要

因变量测量的是小费百分比，该数据是从每一桌账单中，用小费数额除以税前账单里的数额再乘以 100 得到的。图 1 中的柱状高度表示每一个条件下的平均小费百分比，误差棒表示围绕平均小费百分比的 95% 的置信区间。

如柱状图所示，从控制条件到 1 份条件到 2 份条件再到 1+1 条件，其平均小费百分比逐渐递增。与这一观察趋势相一致的是，线性对比检验非常显著（$p<0.0001$），在 95% 的置信区间下的效应大小从 $r=0.45$ 到 0.73。

简单效应的独立样本 t 检验差异也达到非常显著的水平（$p<0.0001$, 单侧），即 (a) 控制组与 2 份条件的差异, (b) 控制组与 1+1 份条件的差异（两者的效应大小范围为 $rs>0.5$）。然而控制组与 1 份条件的 t 检验对比未达到显著性水平（$p=0.17$，单侧，效应大小为 $r=0.15$），但是统计效力小于 0.5。

5. 结果柱状图

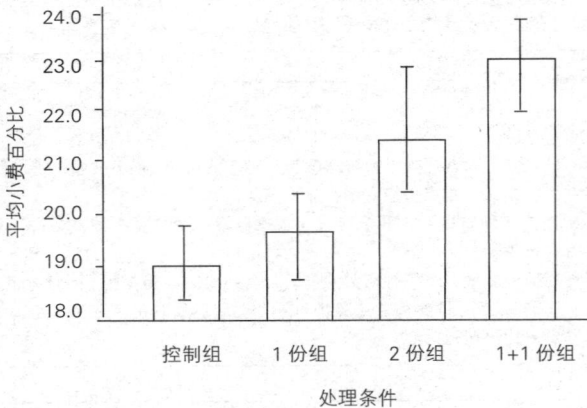

图 1　平均小费百分比及其置信区间 95%（基于每个条件中的 20 桌用餐者）

6. 结　论

提供用餐者 1 份饭后巧克力甜点会增加小费百分比，提供两份甜点所增加的小费要比提供 1 份的多。本研究结果与该观点一致，即用 1 份象征性礼物表达友好，于是，人们便多给相当数量的小费以作为一种感激的标志。

1+1 份条件的结果与交互理论相一致，在这一结果中，人们认为他们从服务员的慷慨冲动中获益，这就导致了他们用餐后给了最高的小费百分比。

未来研究还需探讨这些结果的普遍性，同时，研究还要证实在本研究中假设的友好和慷慨的行为所起的中介作用。

9.4 海报的进一步指导

不管你选择何种排版，要切记尽量吸引读者的注意力。如果你期望将论文投稿给期刊或继续在该主题上做研究的话，就要和想了解此研究并对此感兴趣的人聊天，听听他们的疑问和观点来帮助你进行未来的研究。一位教师告诉我们，他告诉学生要考虑在光线昏暗、声音嘈杂以及空间狭小等影响感观的外界条件下设计海报。他给他的学生提出了以下几点建议。

· 为疲劳、中年和视力比较差的观众选择足够大的字号。

· 保持表和图的简洁性和易读性，以免观众呆站着研究它们。

· 保持简单，即要有所选择地报告内容，但这并不意味着它是含糊或是令人费解的，它应该是简洁明了的。

你除了遵守展会组织者所提供的有关海报的详细要求外，还要考虑以下有关海报排版的小提示：

· 使用一种容易阅读的字体，如 Arial 或 Times New Roman 字体，不要用弯弯曲曲的字体。

· 确保你所使用的字号在一定距离内可视，例如 24 号 (AAAS 推荐使用1/4 英寸高) 或 32 号。

· 不要把表和图过度复杂化，不要使用难懂的术语或外来术语，观看者对此会不熟悉。

· 使用颜色突出重点强调的内容，但要适度使用，因为你是在报告一份科学研究，而不是在创作一件艺术品。

· 使你的图和注解以粗体形式呈现，确保报告的细节能被看到。

· 用统一的方式来组织和标明信息的顺序，以引导观众浏览你的海报，每张海报之间要留出间隙以便观众不漏掉信息。

你可能会记得在第 6 章（6.2 节），我们提到了斯蒂芬·M. 科斯林的成果，关于大脑如何感知和加工视觉信息，以及视觉信息的呈现有何意义。如果你计划在你的报告中运用色彩，最好有节制地使用色彩，同样也要记住科斯林在《图形设计要素》中提及的下列建议：

- 选择在光谱中分隔开的颜色，因为你很难区分相近的颜色。一般来说，最易被分开的颜色是紫红色、蓝、黄灰、黄绿、红及蓝灰。
- 通过比较，普遍认为不会被混淆的颜色（除非你是色盲）是白色、灰色、黑色、红色、绿色、黄色、蓝色、粉红、棕色、橘色以及紫色。
- 只使用几种颜色，因为在同样的视觉呈现中使用多种颜色易使读者混淆。
- 避免把红色（波长相对较长）和蓝色（波长相对较短）并列，因为它们在一起使人感到刺眼。
- 避免使用钴蓝色，因为它是蓝和红的混合，所以很难使人注意力集中。例如，夜晚在蓝色的路灯下，你可能看到一种晕圈，会认为是由雾形成的，这是由于视觉注意力难以集中而引起的视觉现象。

9.5 分发稿的制作指南

哪怕是最感兴趣的观众都不可能想详尽地记录笔记，所以你有必要提供一份他们能够随身携带的报告。最经济的办法就是把重要信息限制在两页内，因此你可以制作一页双面打印的分发稿。展示 23 是基于简·多伊论文的一份分发稿。通过对比附录 A 中的全文报告可以看出，分发稿中仅包括了最必要的信息。注意里面提供了简的邮件地址和学会邮件地址，这是为希望与她探讨研究的人所准备的。尽管海报没有包括参考文献列表，但参考文献列表应放在分发稿里。

在展示 21 和展示 22 中简的海报没有给出参考文献，但是展示 23 中的分发稿中列出了参考文献。

简没有使用左对齐和双倍行距，而是让她的分发稿的格式看上去更像是发表的论文。简对两端对齐的格式很感兴趣，这样可以让内容更好地切合页面，她最终采用的格式如展示 23。当然，简最初的目标是让人们清晰、正确、精确地理解她是如何进行研究，以及得出发现与结论的。她还需要向读者提供足够多的信息，以便让读者得出他们自己的结论。如果读者愿意，还可以根据她提供的细节，对她得出的结论进行重新分析。

如果你进行到这一步，你可以拿出一个文件袋，在上面贴上"分发稿"的标签，然后往里面装入 50 多份你的研究的简报，附在展板上，以便有兴趣的读者拿取。

展示 23 分发稿（示例）

提供饭后甜点对用餐小费的影响

简·多伊[*]

（所属学院和联系信息）

这份简短的报告基于我在会议中展示的一张相同标题的海报（会议名称、展览日期、会议地点）。

背景和假设

超过两百万的美国人以餐厅服务员为业。他们的主要收入通常是从顾客那里获得的小费（Bureau of Labor Statistics，2010—2011）。小费对大多数服务员的生计是很重要的，因此关于"影响用餐者给小费行为的条件"的知识是很有价值的。实证研究已证实服务员使用一些技巧可增加小费行为，例如 (a) 短暂地在用餐者的手心上触摸两下（Hornik，1992）；(b) 给予独自用餐者明显的笑容（Tidd & Lockard，1978）；(c) 蹲到用餐者视线高度的位置（Lynn & Mynier，1993）；(d) 初次服务时介绍自己的名字（Garrity & Degelman，1990）；(e) 在账单上写上"谢谢"或画一个愉快的笑脸（Rind & Bordia，1995，1996）。

这些看似普通的技巧，服务员在使用它们时可能就会增加在顾客心中的友好印象。本研究探讨了另一种可以被随机实验验证的技巧，提出以下三个假设：

1. 一份巧克力甜点的提供会被用餐者理解为一种友好行为，提出假设：与"无甜点"的控制条件相比，这一条件（称为 1 份条件）会增加小费行为。

2. 设想这种影响具有积累效应，提出假设：在给出账单的同时提供 2 份甜点（称为 2 份条件）会继续增加小费行为。

3. 当人们获得一份恩惠时，他们经常会感觉到有责任酬谢对方（Regan，1971），提出假设：第二份甜点的恩惠会对服务员部分地形成一种慷慨的印象，这种印象的形成会增加更多的小费行为（称为 1+1 份条件）。

方 法

实验者是在新泽西州中部一家高档餐厅工作的一名女服务员，研究者向她提供了一个装满带包装的小粒巧克力的小篮子，（除"控制条件"外，其余都会用到）用于在结账时拿到客人桌前。研究者给她 80 张索引卡，每一张卡表示一个特定的条件，到结账时，她从围裙口袋里随机摸出一张卡片。在"控制条件"中，她拿来账单，感谢客人用餐，然后马上离开餐桌；在"1 份条件"中，她让客人每人选 1 份甜点，然后感谢每位客人并离开；在"2 份条件"中，她让客人每人选 2 份甜点，然后感谢每位客人并离开；在"1+1 份条件"中，她让每人选 1 份甜点并说："噢，再来一份吧。"（使这种恩惠看上去是一个慷慨的事后想法），然后再感谢每位客人并离开。一旦客人离去，女服务员就记录（在记录处理条件的卡片上）小费总数、税前金额以及餐宴规模。

结 果

因变量是小费百分比（就是用小费总数除以税前金额总数再乘上 100）。下方的表格总结

结果	处理条件			
	控制	1 份	2 份	1+1 份
M	18.95	19.59	21.62	22.99
95%CI	$M \pm 0.70$	$M \pm 0.82$	$M \pm 1.17$	$M \pm 1.02$
SD	1.46	1.71	2.45	2.43
样本容量 (n)	20	20	20	20

了每种处理条件的结果，它显示平均小费百分比 (M)，95% 的置信区间的均数和标准差 (SD)，以及每种条件下餐宴的数量 (n)。

用 t 检验来分析这些数据，对比实验条件和控制条件中的小费百分比，并使用合并误差 S^2=4.45 和相应的自由度 (df=76)。这是为了对比以下几种情况所做的 t 检验是否达到了统计学显著意义：(a)2 条件对比控制条件；(b)1+1 份条件对比控制条件（p<0.0001，效应大小分别是 rs 为 0.54 和 0.70）；(c)1 份条件对比控制条件（p=0.17 单侧，效应大小 r=0.15），却未达到显著差异。一种更有效力的检验也是有可能达到显著的，因为可以通过小费百分比从控制条件到 1 份条件到 2 份条件再到 1+1 份条件的渐增趋势中预测出。通过设定线性对比（4 种条件下，λ 权重分别为 -3，-1，$+1$，$+3$）获得 F(1.76)=44.97，p=3.1×10^{-9}，以及效应大小 r=0.61（从 r=0.45 到 r=0.73 的 95% 置信区间）。

结　论

所观察到的小费百分比的模式（以及线性对比）与预测相一致，即提供 1 份甜点作为象征性礼物会增加小费行为，提供 2 份甜点会继续增加小费行为，第 2 份甜点的"慷慨冲动"行为最大幅度地增加了小费。虽然如此，未来研究还需要探讨这些结果的普遍性，以及证实假设的"友好"和"慷慨"的作用。

参考文献

Bureau of Labor Statistics. (2010–2011). *Occupational outlook handbook*. Information retrieved from http://www.bls.gov/oco/ocos162.htm

Garrity, K., & Degelman, D. (1990). Effect of server introduction on restaurant tipping. Journal of Applied Social Psychology, 20, 168–172.doi:10.1111/j.1559–1816.1990. tb00405x

Hornik, J. (1992). Tactile stimulation and consumer response. Journal of Consumer Research, 19,449–458.Retrieved from http://www.jstor.org/stable/ 2489401

Lynn, M., & Mynier, K. (1993). Effect of server posture on restaurant tipping. Journal of Applied Social Psychology, 23,678– 685.doi:10.111/j. 1559–1816.1993. tb01109.x

Regan, D.T. (1971). Effects of a favor and liking on compliance. Journal of Experimental Social Psychology, 7, 627–639.doi:10.1016/0022–1031(71) 90025–4

Rind, B., & Bordia, P. (1995). Effect of server's "thank you" and personalization on restaurant tipping. Journal of Applied Social Psychology, 25, 745–751.doi:10.1111/j.1559–1816.1995. tb01772.x

Rind, B.,& Bordia, P. (1996). Effect on restaurant tipping of male and female servers drawing a happy, smiling face on the backs of customers' checks. Journal of Applied Social Psychology, 26, 218–225.doi:10.1111/j.1559–1816.1916. tb01847.x

Tidd, K., & Lockard, J. (1978). Monetary significance of the affiliative smile: A case for reciprocal altruism. Bulletin of the Psychometric Society, 11, 344–346.

* 我要感谢为该项目提出宝贵指导意见的布鲁斯·林德博士，以及感谢餐厅老板和服务员为完成该项研究所做的努力。

附录 A

简·多伊的实证型论文 *

* 后附该论文的中文版

从封面开始连续标页码，以论文标题中的 2～3 个词作页眉。

RESTAURANT TIPPING   1

Effects of Offering After-Meal Candy on Restaurant Tipping

Jane Doe

(Name of College or University)

标题、作者姓名、作者单位等均在左右边线之间居中（8.3）。

使用衬线字体。例如，字号为 12 磅的 Times New Roman。

Author Note

I have written this report of my original research to satisfy the requirements in Dr. Bruce Rind's Research Methods course (Psych 333).I would like to acknowledge the generous assistance of the owner of the restaurant where this research was conducted and the server who helped me by putting the treatment conditions into practice. Both requested anonymity but asked that I share my findings with them.

作者关于文章独创性与致谢的声明。

If there are any questions about this study or this research report, I can be reached at (provide an e-mail address or other contact information, and alternative contact information if you anticipate a change of address in the near future).

联系信息。

四周的页边距至少为 1 英寸。

(Indicate the date you submitted this report to the instructor.)

论文提交给老师的日期。

163

另起一页开始
摘要部分。

摘要部分不首行
缩进。

Abstract

Previous research findings were consistent with the idea that restaurant servers can increase their tips by simple techniques that create an impression of the server's friendliness. The experiment reported here inspired by this idea. The general procedure consisted of having a server offer the diners an after-meal candy(i.e., a miniature chocolate) when presenting the check to them. In the 1-piece condition, the server offered each member of the dining party one chocolate candy of his or her choice, and my prediction was that the tip percentage would be greater in this condition than in the control condition. In the 2-piece condition, the server offered each diner two candies, and the prediction was a further increase in the tip percentage. In the 1+1 condition, the server offered each diner one candy and then said,"Oh, have another piece;this condition was intended to emphasize the server's generosity and friendliness and was predicted to result in the largest tip percentage. In the control condition, the server presented the check but brought no candies to the table. Though tip percentages in the control group differed significantly only from the 2-piece and 1+1 conditions, there was, as hypothesized, an increase in tipping percentages from the control to the 1-piece to the 2-piece to the 1+1 condition. The linear trend was significant at $p< .0001$, the effect size was $r= .61$, and the 95% confidence interval ranged from $r_{effect\ size}= .45$ to $.73$. The limitations to the study and suggestions for further research are discussed.

摘要是在论文写
完之后对整篇文
章简明的总结与
概括（8.4）。

在实证型论文中，
摘要需要说明研
究目的、假设、
结果和讨论。

正文另起一页，并用重复的标题开头。

Effect of Offering After-Meal Candy on Restaurant Tipping

开始写第一段（7.3）。

机构型作者（3.3.1）。

More than two million people in the United States work as waiters and waitresses who serve in restaurant(Bureau of Labor Statistics,2010-2011).Although they are generally paid for their service by their employers, their major source of income is usually the tips they receive from the dining parties(Lynn&Mynier,1993).Because tips are important to the livelihood of most servers(i.e., waiters and waitresses) knowledge about conditions that affect customers' tipping practices is valuable. Several studies have examined the conditions hypothesized to affect tipping behavior. Such studies have shown that servers can increase their tipping percentages by simple techniques(Lynn,1996).

右边可以不对齐。

作者使用过去时态报告已经完成的研究（7.12）。

每段开头均需首行缩进（8.2）。

Some of these techniques involve interpersonal action on the part of the server, such as smiling at or touching the diner. Hornik(1992) had three waitresses at two restaurants not touch the diners, touch them for half a second on the shoulder, or touch them twice on the palm of the hand for half a second each time. The monetary values of the tips ranged from 12% to 14% to 17% in those three conditions, respectively. Tidd and Lockard(1978) had a waitress present a large, open-mouthed smile or a small closed-mouthed smile to diners sitting alone. In the first condition, diners tipped on average more than twice as much as in the second condition. Lynn and Mynier(1993) had servers bend to the eye level of their customers or stand erect during the initial visit to the table; bending down resulted in increased tips. Garrity and Degelman(1990) reported that a server earned higher tips when introducing herself by her first name during her initial visit to the table (23% average tip) than when she did not introduce herself(15% average tip).

分号（7.16.3）。

两倍行距。

Other techniques reported as effective used an indirect stimulus. Rind and Bordia(1996) had two servers either draw or not draw a happy face on the backs of customers' checks before presenting them. The happy face resulted in increased tips for the females server but not for the male server, for whom the customers may have stereotypically dismissed this practice as gender-inappropriate. Rind and Bordia(1995) also found that writing"thank you"on the backs of checks resulted in a increase in tips from 16% to 18%.McCall and Belmont(1995) had servers present checks either on a tray with credit card emblems on it or on a tray with no emblems; the tipping percentages were higher in the first condition.

引用共同作者（3.3.5）。

将"Thank you"作为一体的完全引用，因此使用双引号。

These techniques, except for the last one, would seem to have in common that the servers behaved in ways that seemed friendly. The experiment described here explored another technique to create the impression of server friendliness. When presenting the check to the dining party, the server sometimes offered a treat of assorted miniature chocolates. Three hypotheses were tested. First, on the assumption that the treat would be perceived by diners as a gesture of friendliness, it was predicted that the presentation of the treat would elicit higher tipping than in the no-candy control condition. Second, on the further assumption that this effect is cumulative (up to a point),it was predicted that offering more than one candy would stimulate tipping even more. Third, it was predicted that creating the impression that a candy treat was a special favor reflecting the server's impulsive generosity and friendliness would increase the tipping still further. This third prediction was based on Regan's (1971) conclusion that individuals feel especially obligated to return a favor to the person perceived to be responsible for the favors.

> 引言部分包括研究假设(4.4)。

Method

> 正文的主要部分都要紧随每部分之后,不要分页。

Participants

> 如何写标题(8.5)。

The participants consisted of 80 evening dining parties at an upscale restaurant in central New Jersey, with $n = 20$ dining parties in each treatment condition. The total number of diners was 293, with a mean of 3.67 per dining party ($SD = 1.97$); the size of the dining parties ranged from 2 to l2.The server, a waitress, implemented the four experimental conditions described below.

Materials

> 介绍实验方法的部分(4.5)。

The server was provided with a small wicker basket that was filled with assorted wrapped miniature chocolates. The chocolates were of four types: (a) dark chocolate, (b) milk chocolate,(c) rice-and-chocolate, and (d) peanut butter-and-chocolate. A stack of index cards, thoroughly shuffled beforehand, was placed in the server's apron pocket. Each card described one of the four conditions of the experiment.

Design and Procedure

When it was time for her to present the check, the server reached into her apron pocket and blindly selected an index card. In the control condition, the card instructed the server simply to present the check, not to bring the basket of candy, and to thank the dining party and leave the table immediately to avoid any nonessential interaction. In the three other conditions, the server was to take along the basket of candy when presenting the check. In the 1-piece condition, the server was to offer each person in the dining party one miniature chocolate of his or her choice, then to thank the diners after their selection of candies and to leave the table. In the 2-piece condition, the server was to offer each person in the dining party two miniature chocolates, then to thank the diners after their selection and to leave the table. In the 1+1 condition, the server was to offer one chocolate and say, "Oh, have another piece," implying that the favor of a second piece reflected the server's generous afterthought; the server then thanked the diners and left the table. After each dining party left the restaurant, the server recorded (on the card used to determine the treatment condition) the amount of the tip, the amount of the check before taxes, and the party size.

Results

结果部分
（4.6）。

Scoring and Calculations

　　Once all this information had been collected, I calculated the tip percentages by dividing the amount of the tip by the amount of the check before taxes; I then multiplied the result by 100 to yield a percentage. The raw data and a description of the analyses can be found in the appendix at the end of this report. I used a computer program to perform the overall calculations, and I used a scientific calculator for some analyses. The reason that I chose to do some analyses by hand on a calculator was that the procedures were unavailable on the computer program.

Overall Findings

　　Basic data. Table 1 shows the average tip percentages in the four conditions, indicated by the means (*M*) of the columns of values shown in the appendix. As was predicted, the mean tip percentage increased from the control group(the no-candy condition) to the 1-piece condition, to the 2-piece condition, and to the 1+1 condition. Also shown in this table are a set of values that added to and subtracted from the means, indicate the upper and lower limits, respectively, of the 95% confidence intervals. Below that row of values are the standard deviation (*SD*) and then the number of dining parties (*n*) in each condition. For example, for the control group, there is a 95% probability that the estimated population mean falls between $18.95 - 0.70 = 18.25$ (lower limit of the estimated population mean) and $18.95 + 0.70 = 19.65$ (upper limit of the estimated population mean).

　　Omnibus F test. Although an overall analysis of variance (ANOVA) did not address my previously stated predictions, I performed such an analysis for two reasons. One was that it was another way to obtain the mean square error (*MSE*) and thereby served as a check on my other calculations (in the appendix of this report). The other reason was that, given the overall ANOVA used to compute the omnibus F, I could create a summary table showing how the sum of squares(SS) of the contrast F test can be carved out of the overall between-groups SS (shown in Table 2). The omnibus F (numerator df =3, denominator df = 76) was 15.51, p=5.8^{-8}, the same result that I would have obtained had the four groups been in any other order.

在《APA手册》中对有效的数据集的说明（6.5）。

Focused Statistical Tests

使用脚注（8.8）。

I tested the predictions associated with the three hypotheses in this study by three focused statistical tests1, with the following results:

Hypothesis 1. The first prediction was that the tipping behavior would be greater in the 1-piece than in the control condition. Table 1 shows the direction of the means to be consistent with this prediction. However, an independent-sample t test comparing the two groups was not statistically significant even with a one-tailed p, where $t(76)$= .95 and one-tailed p = .17. The justification a one-tailed p was that I predicted the direction of the effect to be in one tail of the t distribution. The corresponding effect size r, obtained from the t statistic, was .15,and 95% CI [- .17, .44], which leaves open the possibility of a small effect in the opposite direction from that predicted in the interval containing the population effect size.

三级标题（8.5）。

Hypothesis 2. On the assumption that the effect of the server's gift giving on subsequent tipping is cumulative, the second prediction was that the tipping would be still greater in the 2-piece than in the control condition. The means in Table 1 are again consistent with the hypothesis. The difference between the control condition and the 2-piece condition was significant with $t(76)$ =3.99, p=7.5^{-5} one-tailed. The effect size r associated with this result was .54, 95% CI [.28,73].There is a 95% probability that the range of values contains the population value of the effect size r reflecting membership in the control group versus the 2-piece group as a predictor of observed tip percentages.

置信区间上下限（见第6章）。

文中统计结果与效应量均应保留两位小数。

Hypothesis 3. The third prediction, which I derived from reciprocity theory, was that creating the impression that the server was spontaneously generous (the 1+1 condition) would produce the greatest increment in tipping. The t test comparing the 1 + 1 condition with the control group yielded $t(76)$ =6.05, p = 2.5^{-8} one-tailed, 95% CI [.50, .83].

使用科学计数法（4.6）。

Contrast F test. To provide a focused evaluation of the increase in tipping from control to 1-piece to 2-piece to the 1+1 condition, 1 computed a linear contrast. In a contrast analysis, the prediction of interest is represented by fixed coefficients (lambda weights) that must sum to zero. In this case, the coefficients that represent the linear prediction were –3, –1,+1,+3 for the increase from the control to the 1-piece to the 2-piece to the 1+1 groups. Results are summarized in Table 2,which shows the linear contrast that was carved out of the overall between-groups SS. As indicated in the table, the linear contrast F, with 1 and 76 degrees of freedom, was 44.97; with $p = 3.1^{-9}$ and $r_{effect\ size} = .61, 95\%$ CI [.45, .73].

思考效应
量与 p 值
（6.5）。

表 16 中列
举了常用
的统计符
号（6.1）。

Discussion

It was hypothesized that the server's offering an after-meal candy to restaurant diners at the same time she presented the check would have the effect of encouraging tipping. It was also hypothesized that the more candy offered, the greater the resulting tip. The largest tip percentage was predicted for the condition in which the server was intended to be perceived as spontaneously generous. The four group means (Table 1) were consistent with these hypotheses and predictions. The linear contrast F was consistent with the implied linear increase in tipping. The independent sample t test comparing the control and 1-piece conditions was not statistically significant. The power of the t test that I used to detect the effect between the control group and 1-piece conditions was much lower than the recommended level of .80.

通过说明
预测与结
果而开始
讨论部分。

讨论部分
（4.7）。

There are many ways to improve statistical power, including strengthening the treatments and increasing the sample size. One way to strengthen the treatments would have been to increase the difference between the numbers of candies offered, which would also have allowed a further exploration of the idea of a cumulative effect. Because this study had to be completed well before the end of this semester, there was not time to conduct an exploratory replication. Had there been time to replicate the study, another way to improve statistical power would have been to estimate the overall p value after pooling the results meta-analytically.

第 6 章中解
释了统计检
验力（6.5）。

Further research is needed to examine the reliability of the findings and the separate and interacting roles of reciprocity and friendliness. There is also no direct evidence that perceived friendliness was a mediating variable. This lack of direct evidence could be addressed in future research by asking some diners to rate the server's friendliness after the bill has been paid and they are about to leave the restaurant. It is also important in future research to use more than just one server and to use male as well as female servers, other types of restaurants, and other token gifts besides chocolates. There may also be regional differences in tipping.

结论中讨论
文章的局限
以及未来的
研究方向。

参考文献另起
一页。

RESTAURANT TIPPING　　　　　　　　　　　　　　　8

References

Bureau of Labor Statistics.(2010—2011). Occupational outlook handboo
Retrieved from http://www.bls.gov/oco/ocos162.htm

Garrity, K.,& Degelman, D.(1990).Effect of server introduction on restaura
tipping. *Journal of Applied Social Psychology,20*,168-172.doi:10.1111/j.1559-
1816.1990.tboo405.x

Hornik, J.(1992).Tactile stimulation and consumer response. *Journal of Consumer
Research*,19,449-458.Retrieved from http://www.jstor.org/stable/2489401

Lynn, M.(1996).Seven ways to increase servers' tips. *Cornell Hotel and Restaurant
Administration Quarterly,37*(3),24-29.doi:10.1177/001088049603700315

Lynn, M.,& Mynier, K.(1993).Effect of server posture on restaurant tipping.
Journal of Applied Social Psychology,23,678-685.doi:10.111/j.1559-1816.1993.
tb01109.x

McCall, M.,& Belmont ,H.J.(1995). Credit card insignia and tipping: Evidence fo
an associative link. *Journal of Applied Psychology,8*,609-613.doi:10.1037/002
9010.81.5.609

Regan, D.T.(1971).Effects of a favor and liking on compliance. *Journal of
Experimental Social Psychology,7*,627-639.doi:10.1016/0022-1031(71)90025-4

Rind, B.,& Bordia, P.(1995).Effect of server's "thank you" and personalization
on restaurant tipping. *Journal of Applied Social Psychology,25*,745-75
doi:10.1111/j.1559-1816.1995. tb01772.x

Rind, B.,& Bordia, P.(1996).Effect on restaurant tipping of male and fema
servers drawing a happy, similing face on the backs of customers' checks.
Journal of Applied Social Psychology,26,218-225.doi:10.1111/j.1559-1816.1916.
tb01847.x

Rosnow, R.L.,& Rosenthal, R.(2008).Beginning behavioral research:A conceptu
primer(6th ed.).*Upper Saddle River, NJ: Pearson Prentice Hall.*

Tidd, K.,& Lockard ,J.(1978).Monetary significance of the affiliative smile: A case
for reciprocal altruism. *Bulletin of the Psychometric Society,11*,344-346.

期刊的卷
数、页码
（3.4.16）。

期刊的发
行的期号
和页码
（3.4.23）。

所有参考
文献均悬
挂缩进。

作者公开
发表论文
的电子版
（3.4.4）。

文献识别
码（2.4）。

标识符之
后没有特
定日期
（3.4）。

多个版次
（3.4.1）。

文中引用的论文与书均要求在参考文献
列出，每个参考文献与书均要在论文中
被引用。

脚注要另起一页。

RESTAURANT TIPPING   9

使用斜体。

Footnotes

The term *focused tests* means that certain statistical tests are precisely oriented to the prediction, that is, as opposed to *omnibus tests*, which are diffuse and unfocused. All F tests with numerator $df=1$ and all t tests are examples of focused tests, whereas all F tests with numerator $df > 1$ are omnibus tests. When there is a specific prediction regarding the direction of the results and the prediction involves more than two groups or conditions, focused tests are more powerful and more precise than omnibus tests (Rosnow &Rosenthal,2008).

学生应该使用现代时的学术术语（7.12）。

脚注是末尾的一部分（4.9）。

每个表均另起
一页。

RESTAURANT TIPPING   10

Table 1

Mean Tip Percentage(M),95% Confidence Interval (CI) of Mean, Standard Deviation(SD),and Number of Sampled Dining Parties(n)

如何制表
（8.9）。

详见6.1节
中展示16
对统计符
号的规定。

Results	Treatment conditions			
	Control	1 piece	2 pieces	1+1 piece
M	18.95	19.59	21.62	22.99
95%CI	$M \pm 0.70$	$M \pm 0.82$	$M \pm 1.17$	$M \pm 1.02$
SD	1.46	1.71	2.45	2.43
Sample size(n)	20	20	20	20

Note. The mean (M) value in each condition is the average tip percentage in the condition. The 95% CI is the confidence interval around the estimate of the population mean. Tip percentages were calculated for each dining party by division of the tip amount by the bill amount before taxes, then multiplication by 100. The standard deviation (SD) is the variability of $n = 20$ tip percentages around the sample mean.

统计表是对论文
的数据和分析结
果的总结。

RESTAURANT TIPPING   11

Table 2

Analysis of Variance with Linear Contrast

《APA 手册》要求表中数值
保留 2 位小数以方便阅读。

Source	SS	df	MS	F	$r_{effect\ size}$
Between groups	207.06	3	69.02	15.51*	—
Linear contrast	200.12	1	200.12	44.97*	61
Noncontrast	6.94	2	3.47	0.78	—
Within error	338.22	76	(4.45)		

Note. The value in parentheses (under *MS*) is the mean square error(*MSE*).No effect sizes are reported in this table for the two omnibus *F* tests(i.e., numerator *df* > 1) as "the rule of thumb is to report effect sizes for focused statistical procedures and not for omnibus statistical procedures, because effect size indicators are far more interpretable for focused procedures"(Rosnow&Rosenthal,2008,p.321).

*p < .0001.

表中星号的
意思见 4.6
和 8.7。

附录另起一页。

RESTAURANT TIPPING   12

Appendix

Shown below are the tip percentages for each dining party, obtained by division of the tip amount by the check amount before taxes, and then multiplication by 100:

	No candy	1 piece	2 pieces	1+1 pieces
	18.92	18.87	22.78	17.38
	18.43	20.49	15.81	23.38
	18.67	17.54	19.16	25.05
	18.27	19.35	19.01	21.83
	18.92	20.65	21.60	24.43
	17.84	19.17	18.45	21.11
	19.57	19.73	23.41	25.09
	19.12	17.88	21.37	24.35
	18.67	21.00	22.01	25.37
	22.94	22.33	20.65	21.87
	19.26	19.75	20.92	23.87
	19.49	20.79	26.17	22.62
	19.12	20.52	23.31	26.73
	15.90	22.66	23.85	21.81
	19.29	18.60	22.30	23.60
	19.12	18.60	21.34	23.06
	21.70	20.07	18.89	24.05
	16.72	14.64	23.47	16.72
	17.75	19.01	25.69	22.43
	19.35	20.08	22.12	25.08
M	18.9525	19.5865	21.6155	22.9915
S	1.4948	1.7525	2.5092	2.4898
σ	1.4570	1.7081	2.4457	2.4268

附录的目的提供没有在结果中呈现的，但是与结果密切相关的信息。

All the formulas and the discussion in this appendix are based on the instructor's lectures and the course textbook. The 95% confidence intervals(CI) for group means were obtained by use of the following formula:

$$M \pm \frac{(t(.05))(S)}{\sqrt{n}}$$

and $t(.05) = 2.093$ for $n-1=19$. For example, for the control group, where $S=1.4948$, the 95% CI was

$$\pm \frac{(2.093)(1.4948)}{\sqrt{20}} = \pm 0.6996.$$

Subtracting and adding 0.6996 from and to the $M=18.9525$ indicated a 95% probability that the estimated population mean fell between LL $=18.2529$ and UL$=19.6521$.

The pooled error term (MSE) is the average of the squared S values, so $S^2_{pooled} =4.4502$. The sum of squares between groups ($SS_{between}$) is the total squared weighted deviations(weighted by sample size, n_k) between the four condition means(M_k) and the grand mean of $M_G =20.7865$:

$$SS_{between} = \Sigma[n_k(M_k - M_G)]$$
$$= 20(18.9525 - 20.7865)2 + 20(19.5865 - 20.7865)^2$$
$$+ 20(21.6155 + 20.7865)2 + 20(21.9915 - 20.7865)^2$$
$$= 207.0564.$$

> 结果部分也保留2位小数，在附录中会有更精确的结果。

In the summary ANOVA in Table 2, the omnibus F (numerator $df =3$ and denominator $df =76$) was defined as follows:

$$F = \frac{[SS_{between}/(k-1)]}{S^2_{pooled}} = \frac{(207.0564/3)}{4.4502} = 15.5091.$$

Independent-sample t tests, using the pooled error above and $df = N-k$ (corresponding to this mean square error term), compared the 1-piece versus control, the 2-piece versus control, and the 1+1 piece versus control by following formulas:

$$t = \frac{M_1 - M_2}{\sqrt{\left(\frac{1}{n_1} + \frac{1}{n_2}\right) S^2_{pooled}}} \text{ and } r_{effect size} = \sqrt{\frac{t^2}{t^2 + df}} \quad ,$$

Where df for the effect size $r = n_1 + n_2 - 2$. When the data for the 1-piece versus control comparison were substituted in these formulas, the analyses were

$$t = \frac{19.5865 - 18.9525}{\sqrt{4.4502\left(\frac{1}{20} + \frac{1}{20}\right)}} = 0.9504 \text{ and } r_{effect size} = \sqrt{\frac{(0.9504)^2}{(0.9594)^2 + 38}} = .1524$$

Contrast weights for the hypothesized linear increase in tipping from control to 1-piece to 2-piece to 1+1 condition were $-3, -1, +1. +3$. Correlating the weights with the four group means yielded $r_{alerting} = .9831$. Squaring this value indicated the proportion of $SS_{between}$ that accounted for the linear contrast. Multiplying the squared alerting $r(.9665)$ by $SS_{between}(207.0564)$ gave the sum of squares for the contrast (Table 2). The effect size r for the contrast was obtained as follows:

$$r_{effect size} = \sqrt{\frac{F_{contrast}}{F_{contrast} + F_{noncontras} + (df_{noncontras}) + df_{within}}} = \sqrt{\frac{44.9688}{44.9688 + 0.7793(2) + 76}} = .6058$$

> 学生报告计算的结果使读者通过逻辑程序清楚地了解论文中的结果是怎样获得的。

（简·多伊实证型论文的中文翻译）

用餐小费   1

提供饭后甜点对用餐小费的影响

简·多伊

（邮箱地址或其他联系信息）

作者声明

这篇论文的撰写是为了完成布鲁斯·林德博士的课程要求（心理学 333）。我个人十分感谢餐厅的拥有者和参与实验的侍者对这个实验的帮助，我愿意和其他人共同分享我的研究成果。

如果出现有关论文的任何问题，我可以提供有效的 E-mail 地址或其他的联系方式。

（提交论文的日期）

用餐小费 2

摘 要

　　早期的研究结果与下面的观点是相一致的，即餐厅服务员通过用简单技巧去创造一种友好的印象可以增加小费。这里所报告的实验受该观点启发。主要程序是，让服务员亲自向用餐者提供饭后甜点（即一小块巧克力）以留下友好的印象。在控制条件中，服务员结账时不带甜点到桌前。在 1 份条件中，服务员提供每人 1 份由用餐者自己选择的巧克力甜点，预期在这一条件下的小费百分比要大于控制条件下的百分比。在 2 份条件中，服务员提供每人 2 份甜点，基于积累效应的假设，预测小费百分比会增加。在 1+1 份条件中，服务员提供每人 1 份甜点，并说："噢，再来一份吧。"这一条件旨在强调服务员的慷慨和友好，从而导致了最大的小费百分比。尽管控制条件下的小费百分比明显不同于 2 份条件和 1+1 份条件，但是，像预测的一样，研究发现，小费金额从控制条件到 1 份条件到 2 份条件再到 1+1 份条件是递增的。观测这一线性趋势的对比分析具有统计学上的显著性，效应大小为 $r=0.61$，95% 置信区间从 $r=0.45$ 到 0.73。在讨论部分，我们提出了未来研究的假设和本研究的局限。

提供饭后甜点对用餐小费的影响

超过两百万的美国人以餐厅服务员为职业（U.S. Department of Commerce，1990，p. 391），虽然雇主一般会支付给他们工资，但他们收入的主要来源通常是从顾客那里得到的小费（Lynn & Mynier, 1993）。由于小费对于大多数服务员的生存来说是如此的重要，因此了解影响顾客小费行为的条件是有价值的。一些前人的研究已经证实了影响小费行为的假设因素。这些研究已表明，餐厅服务员用一些简单技巧可以增加小费百分比（Lynn, 1996）。

一些技巧涉及服务员直接与人接触的行为，比如微笑或触摸用餐者。例如，霍尼克（Hornik，1992）的研究中，有两个餐厅的 3 名女服务员有时没有触摸用餐者，有时用半秒钟触摸用餐者的肩，有时用半秒钟两次触摸手掌心。在 3 个实验条件中，小费从 12%、14% 到 17% 依次递增。在提德和罗卡德（Tidd and Lockard, 1978）的研究中，有一名女服务员给予一位独坐的用餐者一个咧着嘴的笑脸或是一个抿嘴的微笑。在第一个条件中，用餐者所付的小费额平均是第二个条件的 2 倍。琳和迈尼尔（Lynn and Mynier，1993）指导服务员初次到桌前服务时下蹲到顾客的眼睛能看到的位置，或是笔直地站着，结果，下蹲导致小费增加。盖瑞提和加尔曼（Garrity and Degelman, 1990）报告了一名服务员初次到桌前服务时用她的名来介绍自己，其所挣小费（23% 的平均小费）要比不介绍自己的服务员（15% 的平均小费）高。

另一种有效技巧是，使用一种间接刺激来鼓励小费行为。林德和波迪亚（Rind and Bordia, 1996）的研究中，有两名服务员在顾客结账前分别在账单的背面画上或者不画一个愉快的笑脸。对于女服务员来说，笑脸导致了小费的增加，而男服务员并非如此，

用餐小费 4

原因是顾客可能习惯上认为这种行为与性别不相符。林德和波迪亚（Rind and Bordia, 1995）也发现，在账单的背面写上"谢谢"会使小费从 16% 增加到 18%。最后，在麦考尔和贝蒙特（McCall and Belmont, 1995）的研究中，让服务员把账单放在有信用卡符号的托盘上或放在无符号的托盘上，结果发现，在第一种条件下的小费行为百分比更高。

除了最后一种技巧，其他技巧都是服务员常用的表现友好的方式。这里所描述的实验是探讨另一种创造服务员友好印象的技巧。即在呈交账单时，服务员提供一份小粒巧克力作为款待。在此，本研究提出三个假设。第一，这种款待会被用餐者理解为是一种友好的行为，基于这一假设，我预测送甜点的款待比起没有甜点的控制条件会带来更高的小费。第二，进一步假设，这种影响具有积累效应（到达一个点），我预测提供超过 1 份甜点甚至更多会刺激小费。第三，一份甜点的款待是一种特殊的恩惠，它反映了服务员的慷慨和友好，这会进一步增加小费行为。第三种预测与互惠理论相一致，它报告了个体经常会感到有义务给对方一份报酬，而对方也把报酬理解为是一种责任（Regan,1971）。

方　法

被　试

位于新泽西州（New Jersey）中部的一家高档餐厅的 80 桌晚餐客人参与了研究。每种处理条件下有 20 桌。用餐者总数为 293 人，每桌的平均人数是 3.67（SD=1.97）；餐宴规模从 2 位到 12 位客人。作为实验协助者的女服务员，按照以下阐述的 4 种条件来执行实验。

用餐小费 5

材 料

向服务员提供一个装满带包装的小粒巧克力的小篮子。巧克力有四种类型：(a) 黑巧克力，(b) 牛奶巧克力，(c) 脆米巧克力，(d) 花生巧克力。还提供一堆索引卡，预先把它们完全弄混，放在服务员的围裙口袋里。每张卡片描述了四种实验条件中的一种。

设计和程序

到了结账的时候，服务员在她的围裙口袋里闭着眼睛摸出一张索引卡。在控制条件中，卡片简单地指导服务员用通常的方法呈上账单（不带甜点篮），然后感谢客人用餐并立即离开，以避免任何不必要的相互影响。在余下的三种条件中，当服务员呈上账单时带上甜点篮。在 1 份条件中，服务员提供每位用餐者 1 份自选的巧克力，在用餐者选择完甜点后，服务员感谢用餐并离开。在 2 份条件中，服务员提供每位用餐者 2 份自选的小巧克力，在用餐者选择完之后，服务员感谢用餐并离开。在 1+1 份条件中，服务员提供 1 份巧克力并说："噢，再拿一份吧。"暗示着第二份赠品反映了服务员慷慨的事后想法，之后服务员感谢用餐并离开。待每桌餐宴结束后，服务员记录下（在用来判定处理条件的同一张索引卡片上）小费总额，税前的账单总数以及餐宴规模。

结 果

评分和计算

搜集完所有信息后，我用税前账单总额除以小费的总额来计算小费百分比，然后用结果乘以 100 就得到一个百分数。在附录里可以找到原始数据和所有统计分析的描述，我用一个电脑程序进行总的计算，但有些分析需要在科学计算器里进行。手动做一些分析的原因是该进程在我使用的电脑程序里是不可用的，所用公式是简明的，计算也是相当简单的。

用餐小费   6

总结果

基本数据。表1（在论文的最后）显示，四种条件中的平均小费百分比就是在本文的附录里显示平均值 (M) 一栏。如预测所言，平均小费百分比从控制条件 (无甜点)、1 份条件、2 份条件到 1+1 份条件依次递增。表中也显示了对每一平均数的 ±95% 置信评估、标准差及每种条件下的餐宴规模。通过相加和相减表中某个处理条件的置信评估均值会产生总体的置信下限和置信上限。因此，拿控制组来说，被评估的总体平均数有 95% 的可能性会落入 18.95–0.70=18.25（总体评估平均数的置信下限）至 18.95+0.70=19.65（总体评估平均数的置信上限）的范围。

综合 F 检验。尽管一个总的方差分析（ANOVA）并没有解决我先前提到的预测，但我进行了这一分析，原因有两个。第一，它是获得均方误差（MSE）的另一种方法，可为我的其他计算（附录里）提供检查。第二，给出总的方差分析可用来计算综合 F 值，我可以生成一个总表，用来表明一个对比 F 检验中的平方和（SS）是如何从组间平方和（表 2 显示）中分离出来的。综合 F（分子自由度 df=3，分母自由度 df=76）值为 15.51，p=5.8 × 10⁻⁸，在其他要求下，四组条件也可以获得相同结果。

集中的统计检验[1]

我用三个集中的统计检验评估了与本研究的三个假设相联系的预测，获得以下结果。

假设 1。第一个预测是 1 份条件中的小费要比控制条件的多。表1 表明各组平均数的趋势与该预测相一致，但是独立样本 t 检验对比了这两组，结果显示并未达到单侧的统计学上的显著性，t（76）=0.95 和单侧 p=0.17。对使用单侧 p 的解释是我预测了效

应趋势是在 t 分布的单侧里的。从 t 检验中获得了相一致的效应大小 r 为 0.15，95% 置信区间为 0.17 ~ 0.44。因此也存在着总体效应大小的区间的预测中相反方向里的一个小效应的可能性。

假设 2。 服务员赠予礼物对后来的小费行为具有积累性，基于这一假设，第二个预测是 2 份条件中的小费仍然会比控制条件中的要多。表 1 里的平均数再次与假设相吻合。在这一情况中，控制条件与 2 份条件的差异达到统计学上的显著，$t (76) = 3.99$，单侧 $p = 7.5 \times 10^{-5}$，与此结果相联系的效应大小是 0.54，95% 置信区间为 $r_{效应大小} = 0.28 ~ 0.73$，换句话说就是，有 95% 的可能性，这一范围值包括了总体效应大小值，反映了控制组对比 2 份组作为小费百分比的一个预测。

假设 3。 第三个预测来自交互作用理论，即服务员创造了自发慷慨的印象（1+1 份条件）会产生最大增量的小费。t 检验对比了 1+1 份条件和控制条件，得出 $t (76) = 6.05$，单侧 $p = 2.5 \times 10^{-8}$，与此相联系的效应大小是 $r = 0.70$，95% 置信区间为 0.50 ~ 0.83。

对比 F 检验。 为了提供一个小费从控制条件、1 份条件、2 份条件到 1+1 份条件的增加趋势的集中评估，我计算了一个线性对比检验。在对比分析中，所关注的预测用总计为 0 的固定系数（λ 权重）表示。在这里，表示以上四种条件的线性预测的固定系数为 –3，–1，+1，+3。表 2 呈现的结果表明线性对比分析是从总的组间平方和里分离出来的。如显示的那样，线性对比 F 为 44.97，自由度为 1 和 76，$p = 3.1 \times 10^{-9}$，$r_{效应大小} = 0.61$；95% 置信区间为 0.45 ~ 0.73。

用餐小费 8

讨 论

我假设在服务员呈上账单的同时向用餐者提供一份饭后甜点会产生鼓励小费行为的效果，提供的甜点越多，所产生的小费百分比就会越大。最大的小费百分比是对这个条件的预测，即服务员的意愿被理解为是发自内心的慷慨。虽然表 1 中的四组平均数与假设相一致，且线性对比 F 值只与增加小费的假设线性相一致，但独立样本 t 检验对比了控制条件和 1 份条件，其结果未达到统计学上的显著。但是，用于检测这两种条件间影响大小的 t 检验，其效力比建议的 0.80 水平要低。

这里有一些改进统计检验力的方法，包括采用更强大的处理条件和增加样本容量。增强处理效果的一种方法是增加甜点提供量之间的差异，也可以促进对积累效应观点的进一步探讨。因为我不得不尽快地完成这项研究，以满足课程需要，因此这个时候就不能做一些探索性的重复了。但是，这样的结果也不止一次出现过。另一种改进统计检验力的方法可以基于齐性结果的一种元分析合并来评估 p 值。

未来研究需要进一步重复本研究中的关系，尤其是要研究观察结果的信度，以及互惠和友好理解的单独和交互的作用。没有证据表明友好的态度是一个中介变量，这需要未来研究进一步的证实。有可能的话就要求一些用餐者来评估，在付款后，离开餐厅之前，评价服务员的友好程度。为了评估结果的外部效度，在未来研究中将采用不止一名服务员，可区分为女服务员和男服务员，并且包括其他类型的餐馆，以及使用巧克力以外的其他类型的礼物。在小费行为上也可能存在地区差异，这些都是未来研究所需要考虑的。

（参考文献部分第 9 页与原稿同，略）

用餐小费 10

脚　注

1　术语"集中检验"意思是针对精确预测的统计检验，也就是与综合检验相反，综合检验是扩散的，而非集中的。集中检验的例子是分子自由度 $df=1$ 的所有 F 检验，以及所有 t 检验。然而综合检验的一个例子是分子自由度 $df > 1$ 的所有 F 检验。无论何时，进行有关结果趋势的一个特定预测，并涉及超过两个条件组，集中检验能被用来说明预测，而且它通常要比综合检验更有效力，可以说明自身的效应大小指数（Rosnow & Rosenthal, 2008）。

用餐小费 11

表 1 平均小费百分比 (M)，平均数的 95% 置信区间 (CI)，
标准差 (SD)，取样餐宴数 (n)

结果	处理条件			
	控制	1 份	2 份	1+1 份
M	18.95	19.59	21.62	22.99
95%CI	$M \pm 0.70$	$M \pm 0.82$	$M \pm 1.17$	$M \pm 1.02$
SD	1.46	1.71	2.45	2.43
样本容量 (n)	20	20	20	20

注：平均值 (M) 表示特定条件下的平均小费百分比。95% 置信区间（CI）是获得的总体平均数评估的置信区间。小费百分比由每餐小费总额除以税前账单小费总额再乘上 100 来计算。标准差 (SD) 是围绕样本平均数的每一个小费百分比的 n=20 的差异量数。

用餐小费　　　　　　　　　　　　　　　　　　　　　　　　12

表 2　线性对比的方差分析

变异来源	SS	df	MS	F	$r_{效应大小}$
组间差异	207.06	3	69.02	15.51*	—
线性对比	200.12	1	200.12	44.97*	61
非线性对比	6.94	2	3.47	0.78	—
组内误差	338.22	76	(4.45)		

注：对应均方差 MS 一栏下的括号内的值为均方误差 (MSE)。表中有两个综合 F 检验的效应大小没有报告出来（即分子自由度 $df>1$），有规定指出，"由于效应大小值对集中统计检验来说更具解释性，因此在集中统计检验中要求报告效应大小，而在综合统计检验中则不需要报告该值。"（Rosnow & Rosenthal.2008, p.321）。

*$p<0.0001$。

用餐小费 **13**

附　录

如下所示，得分是每一餐宴的小费百分比，用小费总额除以税前账单总数再乘以 100 计算而来：

	没有甜点	1 份	2 份	1+1 份
	18.92	18.87	22.78	17.38
	18.43	20.49	15.81	23.38
	18.67	17.54	19.16	25.05
	18.27	19.35	19.01	21.83
	18.92	20.65	21.60	24.43
	17.84	19.17	18.45	21.11
	19.57	19.73	23.41	25.09
	19.12	17.88	21.37	24.35
	18.67	21.00	22.01	25.37
	22.94	22.33	20.65	21.87
	19.26	19.75	20.92	23.87
	19.49	20.79	26.17	22.62
	19.12	20.52	23.31	26.73
	15.90	22.66	23.85	21.81
	19.29	18.60	22.30	23.60
	19.12	18.60	21.34	23.06
	21.70	20.07	18.89	24.05
	16.72	14.64	23.47	16.72
	17.75	19.01	25.69	22.43
	19.35	20.08	22.12	25.08
M	18.9525	19.5865	21.6155	22.9915
S	1.4948	1.7525	2.5092	2.4898
σ	1.4570	1.7081	2.4457	2.4268

附录里的所有公式和讨论都是基于教师的讲稿和课程文档。表 1 列出了四组平均数的 95% 置信区间 (CI)，我根据以下公式计算出每一置信区间：

$$M \pm \frac{(t_{(0.05)})(S)}{\sqrt{n}}$$

用餐小费   14

$n-1=19$ 的 t 值为 $t_{(0.05)}=2.093$。例如，对于控制组来说，$S=1.4948$，95% 置信区间就会是

$$\pm \frac{(2.093)(1.4948)}{\sqrt{20}} = \pm 0.6996$$

± 0.6996 和 $M=18.9525$ 表明，有 95% 的可能性评估总体平均数落入到评估上限 19.6521 和评估下限 18.2529 的范围里。合并误差 (MSE) 是平方差 S 值的平均数，即 $S^2_{合并}=4.4502$。组间平方和 $(SS_{组间})$ 是四个条件的平均数 (M_k) 和总平均数（$M_G=20.7865$）间的方差加权偏差（样本容量的加权，n_k）：

$$SS_{组间} = \sum [n_k(M_k-M_G)]$$
$$=20(18.9525-20.7865)2+20(19.5865-20.7865)^2$$
$$+20(21.6155+20.7865)2+20(21.9915-20.7865)^2$$
$$=207.0564$$

在表 2 的方差分析中，综合 F 检验的值是由以下公式得出的：

$$F = \frac{SS_{组间}/(k-1)}{S^2_{合并}} = \frac{207.0564/3}{4.4502} = 15.5091$$

使用以上提到的合并误差术语和自由度 $df=N-k$（与均方误差术语相对应），独立样本 t 检验用来对比 1 份条件和控制条件，2 份条件和控制条件，以及 1+1 条件和控制条件，用以下公式计算：

$$t = \frac{M_1 - M_2}{\sqrt{\left(\frac{1}{n_1}+\frac{1}{n_2}\right)S^2_{合并}}}$$

$$r_{效应大小} = \sqrt{\frac{t^2}{t^2+df}}$$

在这里，$r_{效应大小}$ 的自由度为 $df=n_1+n_2-2$。用 1 份条件与控制条件的对比替换这些公式里的数据，分析如下：

用餐小费 15

$$t = \frac{19.5865 - 18.9525}{\sqrt{\left(\frac{1}{20} + \frac{1}{20}\right)4.4502}} = 0.9504$$

$$r_{效应大小} = \sqrt{\frac{0.9504^2}{0.9594^2 + 38}} = 0.1524$$

小费的假设线性从控制条件、1 份条件、2 份条件到 1+1 份条件呈递增趋势，它的对比权重是 –3，–1，+1，+3。与这些权重相关的四组平均数产生 $r=0.9831$。

这个值平方表示线性对比可以解释的组间平方和的比例。用平方预警值 $r(0.9665)$ 乘组间平方和 $SS_{组间}$ (207.0564) 会得到表 2 里显示的对比平方和。我用对比度来计算效应大小 r，如下：

$$r_{效应大小} = \sqrt{\frac{F_{对比}}{F_{对比} + F_{非对比}(df_{非对比}) + df_{组内}}}$$

$$= \sqrt{\frac{44.9688}{44.9688 + 0.7793(2) + 76}} = 0.605$$

附录 B

约翰·史密斯的综述型论文 *

从标题页的页眉开始标注页码。

THE CONCEPT OF INTELLIGENCE　　　　　　　　　　1

The Elusive Concept of Intelligence: Two Diverse Orientations

John Smith

(Name of College or University)

标题要展示出文章的主题（7.16.3）。

标题、作者姓名、作者单位等均在左右边线之间居中（8.3）。

使用衬线字体。例如，字号为为 12 磅的 Times New Roman。

Author Note

I have written this review paper to satisfy the requirements in Dr. Anne Skleder's Psychological Testing course(Psych 222). I thank Professor Skleder For explaining the problem with the percentage-of-variance interpretation of effect size and directing me to the statistical reference cited in footnote 2. I thank Prof. Rosenthal at the University of California, Riverside, for permission to reproduce the graphic shown in Figure 1(R. Rosenthal, personal communication, April 10, 2010)

If there are any questions about this literature review, I can be reached at(provide an e-mail address or other contact information, and alternative contact information if you anticipate a change of address in the near future).

作者关于文章独创性与致谢的声明。

相关信息。

四周至少留出 1 英寸的空白边距。

(Indicate the date you submitted this report to the instructor.)

论文提交给教师的日期。

摘要另起一页。

THE CONCEPT OF INTELLIGENCE   2

Abstract

Although the study of intelligence has a long history in psychological and educational research, the concept of intelligence remains one of the most elusive. Going back to the psychometric work of Charles Spearman, many psychological and educational researchers have regarded intelligence as g-centered, which means that they assume a general trait(g)lies at the core of every valid measure of intelligence. More recently, leading researchers, such as Howard Gardner, Robert J. Sternberg, and Stephen J. Ceci, have theorized the existence of distinct facets of intelligence that are not all g-centered, The purpose of this review is to examine these two diverse theoretical orientations, with the focus on Gardner's theory of multiple intelligences ad a prominent example of the more recent orientation, I discuss criticisms and rejoinders with respect to the theoretical notion of multiple intelligences, and the paper concludes with a brief summation and overview of the principal theme of this review.

摘要是对整篇文章简明的总结与概括（8.4）。

正文从新的一页开始，并
重新列出标题

THE CONCEPT OF INTELLIGENCE　　　　　　　　　　　3

文章第一段
（7.3）。

The elusive Concept of Intelligence:Two Diverse Orientation

注释不用斜
体，详见 8.6
斜体字的使
用。

There is an old French saying that goes: "The more things change, the more they remain the same" (Plus Ça change, plus c'est la même chose). The saying seems to apply to the concept of intelligence. By tradition, intelligence is said to include "abstract reasoning, problem-solving ability, and capacity to acquire knowledge," and many experts in the field of intelligence "also believe that memory and mental speed are part of intelligence"(Nisbett, 2009, p. 4). There are, however, experts who argue that IQ tests overlook other "intelligences" (e.g. Gardner, 1983; Sternberg, 1985). In the textbook we use in this course, the authors remark that "of all the major concepts in the field of testing, intelligence is among the most elusive" (Kaplan & Saccuzzo, 2009, p. 230). Much has changed in the way that the experts conceive of intelligence, but what has remained the same is the elusiveness of the concept.

"例如"的
缩写（7.16）。

The purpose of this review is to examine two theoretical orientations regarding the nature of intelligence. One orientation, the traditional view, is the idea that a general trait (symbolized as g) defines the core of every valid measure of intelligence. The second orientation, the more recent view, is the idea that there are distinct types of intelligence that are not g-centered. I begin by discussing two issues in intelligence testing. I then turn to the g-centered (or g-centric) view of intelligence and, next, to the more recent orientation, which I describe as "multiplex" (defined later). The focus of my discussion of the multiplex orientation is the work of Howard Gardner as a seminal example. After discussing criticisms of the multiplex orientation, I conclude by noting the trend toward broad, interdisciplinary work on the elusive concept of intelligence.

每个段落
之间不可
断开。

►Two Issues in Intelligence Assessment

Before a specific discussion of the two theoretical orientations that are the focus of this review, it is important to note that the assessment of intelligence is problematic to some degree. A number of years ago, in an encyclopedia article on intelligence testing. Gilbert (1971) stated, "Since human beings are complex, observing or measuring intelligence is no simple matter" (p. 129). Gilbert gave the following case in point:

作者的名字
要在其引用
的句子之前
（3.3.1）。

THE CONCEPT OF INTELLIGENCE   4

引用中的引用，详见 7.17。

引言部分包括研究假设（4.4）。

Observe star quarterback Joe, for example. It is Friday afternoon, last period, social studies. The teacher, Mr. Jones, is expounding his pet topic, "The Obsolete Electoral College: Or Is It? " while Joe's mind is on tomorrow's game. When Mr. Jones asks, "Joe, what do you think?" Joe is about to say, "Pass to the right end," but he returns to reality and mumbles something about not being sure of the answer. (p. 129)

As Gilbert (1971) explained, someone who did not know Joe might have quickly concluded from his mumbled response that he was neither especially bright nor motivated. In fact, Joe was bright and strongly motivated. However, his motivation and intellect were consumed by his anticipation of the next day's football plays through his mind. "Pass to the right end" was almost his reply to the teacher's question. Thus, as Gilbert (1971) stated, "observing or measuring intelligence is no simple matter" (p. 129).

A second basic problem in the assessment of intelligence concerns the generalizability of population norms in the tables of values that are available for standard tests of intelligence. Such norms are used to decide where an individual's performance falls relative to the performance of the general population. Suppose a researcher with a limited budget has developed a set of items for a new test of academic IQ.[1] To establish the population norms, the researcher issues a call for volunteers to take the test. However, it has been found that people who volunteer to participate in research may not be entirely representative of the general population, and "When there is a significant relationship reported, and very often there is, it is overwhelmingly likely to show volunteers to be more intelligent" (they score higher) than the general population (Rosenthal & Rosnow,2009,p. 727). This idea is illustrated in Figure 1 (at the end of this paper), which shows, approximately, the positive bias predicted to result from using a volunteer sample instead of doing random sampling from a national probability data set. The distribution labeled X represents a theoretical normal distribution of the IQs of volunteers for the researcher's IQ test, and the distribution labeled Y represents a theoretical distribution of the IQs of people in general. The difference between the estimated mean of X and the true value mean of Y reflects the amount of bias in the volunteer sample. It implies that the use of volunteer could lead to underestimates of vital population parameters. In this case, Figure 1 implies that standardizing the new test only on volunteers will probably result in overestimated population norms.

脚注（8.8）。

图表提示（8.9）。

不必要的全称可缩写（7.16.2）。

这是作者文章中的主要部分，不要从中断开。

The Traditional Theoretical Orientation

Early Contributors

一级标题居中，二级标题左对齐（8.5）。

I turn now to the traditional theoretical orientation, a view that is sometimes

THE CONCEPT OF INTELLIGENCE　　　　　　　　　　　　　　　　5

described as *g*-centered or *g*-centric. The origin of this view goes all the way back to the intelligence-testing movement and the measures developed by Sir Francis Galton (1822–1911) in England and James Cattell (1860–1944) in the United State (Gilbert, 1971). The objective was to predict school performance. It was "theorized that intelligence depend upon sensory input and speed of reaction time; hence sensorimotor tests should reveal significant difference between individuals in ability to behave intelligently" (Gilbert,1971,p. 130). Galton came up with the idea of the correlation coefficient, a concept that was then mathematically refined by the statistician Karl Pearson. One by-product of the development of the correlation coefficient was that it was shown that the early measure used in the intelligence-testing movement were not strongly correlated with school performance. Early paper-and-pencil scales were developed by Alfred Binet and Henri Simon in French "to help diagnose the existence of mental retardation" (Gilbert, 1971,p. 130). Gilbert (1971) also noted that although "intelligence testing originated in Europe in at least two separate movements...the greatest development of intelligence tests bears a distinct 'made in U.S.A.'"(p. 130). Henry Goddard first adapted Binet's testing method for the American Marketplace, but the Stanford-Binet adaptation and its use by Lewis Terman in 1916 (revised in 1937) are far better known. In 1939, David Wechsler, at Bellevue Hospital in New York, developed an individual intelligence test for adults. This test, called the Wechsler Adult Intelligence Scale, or WAIS, was revised in 1955 (Kaplan & Saccuzzo, 2009).

The *g*-Centered View

Influenced by the psychometric contributions of Charles Spearman (1927), who viewed intelligence as a general factor (*g*), psychological and educational researchers in the intelligence test movement accepted the *g*-centric idea. A number of prominent researchers, such as Arthur Jensen (1969), argued that individual differences in *g* were largely attributable to genetic factors as opposed to the role of environmental and/or cultural influences. Child development researchers, inspired by the theoretical and empirical work of Jean Piaget, also argued for the idea of general structures of the mind, structures that developed in a similar way in all children (Siegler & Richards, 1982). In the 1990s, a controversial reanalysis of IQ test data by Herrnstein and Murray (1994), in a book entitled *The Bell Curve*, ignited a spirited debate about the role of *g* in the lives of individuals and in the large social order.

It has been argued that the Scholastic Assessment Test (SAT) is basically a surrogate measure of general intelligence (*g*) and that it can be used to predict cognitive functioning (Frey & Detterman, 2004). In one study, Frey and Detterman (2004) extracted a measure of *g* from the Armed Services Vocational Aptitude Battery and found the correlation with SAT scores to be r=.82 (.86 corrected for nonlinearity) in a sample of 917 subjects aged 14-21 from a national probability data set. In a second study, Frey and Detterman recruited 104 undergraduate students through the psychology subject pool

引用问题详见7.17。

二级标题（8.5）。

书的名称用斜体（8.6）。

SAT 第一次使用时要写全称（7.16.2）。

THE CONCEPT OF INTELLIGENCE   6

in order to investigate the relationship between SAT scores and scores on another test, called Raven's Progressive Matrices (a test of reasoning skills), and found *r*=.483 (or .72 corrected for restricted range). Ceci (1996), not a proponent of the traditional orientation, argued that the traditional orientation can be reduced to "five easy facts" (p. 4). First, virtually all people tend to score relatively consistently on different tests of intelligence. Sencond, when a statistical procedure called factor analysis is used, there emerges a first principal component (*g*) that reflects the average correlation among the test scores, which is generally around .30. Third, *g* is considered a proxy for general intelligence. Fourth, there are impressive correlations between *g* and academic and social accomplishment. Fifth, intelligence is inherited to a considerable degree.

> 一般结果报告后两位小数即可，但这里报告 0.483，是为了说明引证的信度高。

Ceci (1996) then mounted an attack on the implications of each of the "five easy facts," arguing that a plausible alternative model existed for each fact. "Intelligence is a multifaceted set of abilities," Ceci stated, and any "specific facet might become more or less effective as a result of the physical, social, cultural, and historical contexts in which it is subsequently assessed" (p.8). Recently, Nisbett (2009) argued that traditional *g*-centered "intelligence is highly modifiable by the environment" (p.2). Nisbett added:" And whether a particular person's IQ-and academic achievement and occupational success-is going to be high or low very much depends on environmental factors that have nothing to do with genes" (p.2). Another side to this argument is not whether *g*-centered intelligence is due to nature or nurture, but whether intelligence is more complex and multifaceted than what is summed up in *g*. Although controversy continues to surround the meaning of intelligence as well as its relationship to real-world skills, experts in psychology apparently agree on a list of "knowns" about intelligence (Neisser et al., 1966), such as Ceci's "five easy facts," although the implications are disputable.

> 引用段落的页码。

> 当存在 6 个或更多的作者时，第一作者之后要加 "et al." 在引证中使用（3.7.7）。

The Multiplex Theoretical Orientation

In the 1980s and 1990s, the idea of multiple intellectual aptitudes was taken in an exciting new direction by other prominent psychologists. Robert Sternberg (1990) has argued that the nature of the information processing measured by standard IQ tests is quite different from that involved in certain kinds of complex reasoning in everyday life. A fascinating case in point was Ceci and Liker's (1986) finding that skill in handicapping racehorses cannot be predicted from scores on the WAIS. Sternberg, Wagner, Williams, and Horvath (1995) stated that "even the most charitable estimates of the relation between intelligence test scores and real-world criteria such as job performance indicate that approximately three-fourths of the variance in real-world performance is not accounted for by intelligence test performance" (p/ 912). [2]

> 第一作者（3.3.6）。

> 脚注码。

Still, Sternberg et al.'s (1995) point is well taken and certainly supportive of the argument that intelligence consists of "various, relatively independent, abilities"(Gilbert, 1971,p. 129). Sternberg's (1985) "triarchic theory" and Ceci's (1996) "bioecological treatise" are representative of the exciting new direction of work on the elusive concept of intelligence. This theoretical orientation might be described as *multiplex*, inasmuch as it encompasses several distinct types of intelligence.[3] Another prime example of this orientation, the focus of the remainder of this review, is the theory of multiple intelligences proposed by Howard Gardner (1983).

Gardner's Idea of Multiple Intelligences

Eight Criteria of Intellectual Talents

Gardner (1983) argued against the assumption of a single general characteristic and used the term *intelligences* (plural) to convey the notion of multiple intellectual aptitudes. Gardner's general idea of intelligence was that it encompasses "the ability to solve problems, or to create products that are valued within one or more cultural settings" (p. x). He went on to argue that not every real-life skill should be considered under the label of *intelligence*, though any talent deemed "intellectual" must fit the following eight criteria:

1.The potential must exist to isolate the intelligence by brain damage.

2.Exceptional population (such as savants) whose members manifest outstanding but uneven abilities should exhibit the distinctive existence of the particular type of intelligence.

3.There must be identifiable core operations, that is, basic information-processing operations that are unique to the particular abilities.

4.There must be a distinctive developmental history, that is, stages through which individuals pass, with individual differences in the ultimate levels of expertise achieved.

5.There should be locatable antecedents (more primitive, less integrated versions) of the intelligence in other species.

6.The intelligence must be open to experimental study, so that predictions of the construct can be subjected to empirical tests.

7.Although no single standardized test can measure the entirety of the abilities that

如何写作规范的论文

THE CONCEPT OF INTELLIGENCE   10

are deemed intellectual, standardized tests should provide clues about the intelligence and should predict the performance of some tasks and not others.

8. It must be possible to capture the information content in the intelligence through a symbol system, for example, language or choreographed movements.

Seven Types of Intelligence

Using as a base the eight criteria listed above, Gardner argued the importance of studying people within the "normal" range of intelligence, and also of studying those who are gifted or expert in various domains valued by different cultures. Drawing on the criteria above and the research results from four major disciplines (i.e., psychology, sociology, anthropology, and biology), Gardner (1983) initially proposed the existence of the seven types of intelligence defined in Table 1 (i.e., logical-mathematical, linguistic, spatial, bodily-kinesthetic, musical, intrapersonal, and interpersonal). Subsequently, he raised the possibility of additional types of intelligence (Gardner, 1999), but this review focuses on his original seven types.

The examples noted in the second column of Table 1 draw partly on Gardner's work and also on my own intuitive hypotheses. Traditional intelligence, which is language-based and easy to quantify by conventional measures, encompasses what are described as logical-mathematical and linguistic intelligence. It would seem these skills are also what Frey and Detterman (2004) extracted from the tests they correlated with the SAT. As mentioned in the note to Table 1, the final two types of intelligences (intrapersonal and interpersonal) are what Gardner collectively referred to as the "personal intelligences." Using Gardner's (1983) idea of a developmental progression in interpersonal intelligence as a launching point for a set of empirical studies, psychologists implied that the assessment of interpersonal intelligence may be complicated by intrinsic differences in the cognitive complexity of intention-action combinations that we experience in our everyday lives (Rosnow, Skleder, Jaeger, & Rind, 1994).

Independence of Abilities

Crucial to Gardner's formulation is the assumption that the various intellectual "talents" are not necessarily linked. Someone may perform poorly in one area (e.g., logical-mathematical intelligence) and yet perform well in others (e.g., spatial intelligence). This discrepancy calls to mind the stereotype of the brilliant but absent-minded scientist, who cannot find his or her car in the parking lot but can describe in intricate detail the workings of atoms. Different intelligences can coexist and can also be measured quite independently of one another, according to Gardner's theory. Because logical-mathematical and linguistic intelligences are

"那就是"的缩写（7.16.1）。

第2次使用"SAT"，先前已给出全称。

作者引证这个表是为了引起读者对它的注意。

共同作者（3.3.6）。

其他缩写（7.16.1）。

198

THE CONCEPT OF INTELLIGENCE   11

valued so highly in our society, tests designed to measure a variety of intelligences still rely heavily on these particular skills to the exclusion of other intellectual talents, Gardner (1999) noted.

In other words, Gardner's argument is that conventional tests of intelligence measure essentially the same intelligences in only slightly different, and perhaps trivial, ways. Therefore, it is hardly surprising that Spearman (1927) found a medium-sized correlation among certain abilities (implying the g factor), so that individuals who score higher in verbal intelligence tend to score higher than average in reasoning ability. Knowing someone's linguistic intelligence, however, does not automatically tell us very much about the person's intellectual talents in any other realm, according to this argument.

The independence of abilities is also suggested by the fact that, although intelligence tests can predict school grades reasonably well, the tests are less useful in predicting routine successes outside the school setting. For example, barring low levels of traditional IQ, good managerial skills may be related more to the ability to manage oneself and the task completion of others, or to the ability to interpret the actions and intentions of others, than to the ability to score high on a standard IQ test or some surrogate measure of academic intelligence (Aditya & House, 2002; Sternberg, 1998). Sternberg (1988) referred to these extracurricular skills as "practical intelligence" and distinguished them from academic IQ (p. 211); such practical intelligence seems to depend heavily on what Gardner called the "personal intelligence."

Some Criticisms and Rejoinders

Nontraditional Orientation

Some criticisms of multiplex theories of intelligence appear to rest on the distinction between innate ability and performance skills that have been traditionally characterized as *talent* (Walters & Gardner, 1986). Ericsson and Charness (1994) argued that expert performance does not usually reflect innate abilities and capacities but is mediated predominantly by physiological adaptation and complex skills. Gardner's (1995) response was that the issue is not whether children are born with innate abilities or capacities, but whether a child who has begun to work in a domain finds skills and ease in performance that encourages the child to persevere in the effort. That most people do not usually think of performance skills as "intellectual" is just a red herring in this debate, the reflection of our continued attachment to the traditional idea of intelligence, Gardner argued. Sternberg (1990) noted that a person who has experienced an injury that causes a loss of bodily-kinesthetic ability is not viewed as "mentally retarded."

In short, Gardner's argument is that all the forms of intelligence he proposed should be given equal consideration with the logical-mathematical and linguistic forms

用斜体字进行强调。

THE CONCEPT OF INTELLIGENCE   12

so highly valued in Western cultures (Walters & Gardner, 1986). As he put it, " When one revisits the psychological variable that has been most intensively studied, that of psychometric intelligence or g, one finds little evidence to suggest that sheer practice, whether deliberate or not, produces large ultimate differences in performance" (Gardner, 1995, p. 802). Perhaps it is because so many experts have chosen to regard g and the "academic intelligences" as more important than the personal intelligences that terms like *socially retarded* are not common. Nonetheless, interest in social proclivities appears to be leading to increased attention to the interplay of the personal intelligences and behavior in different situations, such as predicting achievement or success in executive roles in organizations (e.g., Aditya & House, 2002).

Structure and Amenability to Operationalization and Assessment

Another criticism of multiplex theories of intelligence is that, given their seemingly amorphous nature, there would appear to be unlimited possibilities of adding to the number of intelligences. As noted, Gardner himself raised the possibility of more than seven intelligences and considered the original seven "working hypotheses" that are fully amenable to revision after further investigation (Walters & Gardner, 1986). For example, Gardner (1999) alluded to the "naturalist intelligence" of a Charles Darwin and the "existential intelligence" of a postmodern philosopher. One may wonder whether these additions might eventually be psychometrically reduced to general types, an idea that may suggest the return to a (Spearman-like) general factor (as well as specific factors). However, whether this criticism is perceived as reasonable probably depends on one's willingness the regard the concept of intelligence as even more inclusive of human talent than it is now.

作者在文章主要部分使用二级标题的方式，列举了一系列的争议与解答（8.5）。

Also, it has been argued that the standard psychometric approach has the distinct advantage of being more amenable to testing and measurement than is Gardner's theory of multiple intelligences. Gardner, on the other hand, contended that his seven intelligences are measurable but that conventional tests are inadequate for the job. He proposed measurements that are closely linked to what people do in their daily lives. For example, in applying his theory to education, Gardner (1991) reported assessing children's intelligences by studying their school compositions, choice of activities in athletic events, and other aspects of their behavior and cognitive processes. Although this approach is certainly more complex and time-consuming than the older approach, such measurements are essential from the standpoint of Gardner's theory.

Conclusions

文章的另一个主要部分。

使用斜体（8.6）。

In everyday parlance, some people are *book smart*, a synonym for the g-centered type of traditional academic intelligence. Some people are called *street smart*, a term implying that they are intellectually shrewd in the ways of the world, another distinct type of intelligence. In theory, there are other distinct types as well. For example, some people are said to have a "business savvy" or "political sense" or

俗语的引用。

200

THE CONCEPT OF INTELLIGENCE   13

"the ability to read people like a book," phrases implying intellectual abilities that involve interpersonal aptitudes not directly assessed tests of academic IQ. In this review, I focused on underlying orientations of these notions, with particular emphasis on the traditional *g*-centered view of intelligence and what I described as a multiplex theoretical orientation (as exemplified by Gardner's theory of multiplex intelligences). Both orientation are associated with a substantial, and still growing, body of research and speculation, and both have proponents and detractors in the intelligence research community. Indeed, enough has been said and written about the elusive concept of intelligence to fill an encyclopedia (*Encyclopedia of Human Intelligence*, 1994). Gardner's theory encompasses certain traditional aspects of the work on intelligence and, at the same time, moves our conceptualization of intelligence far beyond the classic boundaries. That Gardner's theory is broader than the traditional notion of intelligence is viewed by some psychologists as problematic, because the broader the theory, the more difficult it is to disprove. I have a sense that there is a trend toward broad, interdisciplinary formulations and definitions of intelligence or, in Sternberg's (1997) description, whatever mental abilities are necessary to enable persons to shape and adapt to their environment.

　　Within such a broad theoretical orientation, researchers have been exploring ways of assessing and improving performance skills that in the past were ignored or considered far less significant than academic intelligence (e.g., Aditya & House, 2002; Gardner, 1991, 1999; Sternberg, Torff, & Grigorenko, 1998). Another direction of recent work on intelligence was discussed by Anastasi and Urbina (1997), who mentioned that, in the field of developmental psychology, researchers have found "substantial correlations between ratings of infant behavior on personality variables and subsequent cognitive development" and also that "studies of the environmental-mastery motive in infants have revealed some promising relations to subsequent measures of intellectual competence" (p. 302). The challenge remains not only to improve our understanding of the elusive concept of inteliigence but, as Wesman (1968) put it, to do "intelligent testing" (p. 267). It is important to develop innovative approaches, no matter how complex and nontraditional, to measure the different facets of intellectual capabilities (Gardner, 1999; Neisser et al., 1996; Sternberg, 1992) and, fundamentally, to recognize that intelligence is "a result of one's total life experience" (Gilbert, 1971, p. 135).

参考文献的引文。

对作者成果的更多引用（3.3）。

文章的最后收尾部分，回顾文章开头的写作目的，并展望未来研究可能的方向。

在提出一些问题的基础上，结束这篇文章的讨论部分。

参考文献另起
一页。

References

Aditya, R. N., & House, R. J. (2002). Interpersonal acumen and leadership across 　　书籍章节
cultures: Pointers from the GLOBE study. In R. E. Riggio, S. E. Murphy, & F. J.　（3.4.19）。
Pirozzolo (Eds.), *Multiple intelligences and leadership* (pp. 215-240). Mahwah,
NJ: Erlbaum.

Anastasi, A., & Urbina, S. (1997). *Psychological testing* (7th ed.). Upper Saddle River,
NJ: Prentice Hall.　　　　　　　　　　　　　　　　　　　　　　　　　使用冒号

Ceci, S. J. (1996). *On intelligence: A bioecological treatise on intellectual development*　（7.16.4）。
(Expanded ed.). Cambridge, MA: Harvard University Press.

Ceci, S. J., & Liker, J. (1986). Academic and nonacademic intelligence: An experimental
separation. In R. J. Sternberg & R. Wagner (Eds.), *Practical intelligence: Nature
and origins of competence in the everyday world* (pp. 119-142). New York, NY:
Cambridge University Press. *Encyclopedia of human intelligence*. (1994). New
York, NY: Macmillan.

Encyclopedia of human intelligence.(1994).New York, NY:Canbrige Uniuersity Press.

Ericsson, K. A., & Charness, N. (1994). Expert performance: Its structure and　　　　doi 码
acquisition. *American Psycologist, 49*, 725-747. doi:10.1037/0003-066x.49.8.725 ←　（2.4）。

Frey, M. C., & Detterman, D. K. (2004). Scholastic assessment or g? The relationship
between the Scholastic Assessment Test and general cognitive ability.
Psychological Science, 15, 373-378. doi:10.111/j.0956-7976.2004.00687.x

Gardner, H. (1983). *Frames of mind: The theory of multiple intelligences.* New York,
NY: Basic Books.

Gardner, H. (1991). *The unschooled mind: How children think and how schools should
teach.* New York, NY: Basic Books.　　　　　　　　　　　　　　　　　　　使用双

Gardner, H. (1995). "Expert performance: Its structure and acquisition": Comment.　引号。
American Psychologist, 50, 802-803. doi:10/1037/0003-066x.50.9.802

Gardner, H. (1999). *Intelligence reframed: Multiple intelligences for the 21st century.*
New York, NY: Basic Books.

不列出作
者或编者
（3.4.31）。

百科全书
不止一卷
（3.4.32）。

Gilbert, H. B. (1971). Intelligence tests. In L. C. Deighton (Ed.), *The encyclopedia of education* (Vol. 5, pp. 128-135). New York, NY: Macmillan & Free Press.

Herrnstein, R. J., & Murray, C. (1994). *The bell curve: Intelligence and class structure in American life.* New York, NY: Free Press.

Jensen, A. R. (1969). How much can we boost IQ and scholastic achievement? *Harvard Educational Review, 39,* 1-123.

Kaplan, R. M., & Saccuzzo, D. P. (2009). *Psychological testing: Principles, applications, and issues* (7th ed.). Belmont, CA: Wadsworth/Cengage Learning.

Neisser, U., Boodoo, G., Bouchard, T. J., Jr., Boykin, A. W., Brody, N., Ceci, S. J., ... Urbina, S. (1996). Intelligence: Knowns and unknowns. *American Psychologist. 51,* 77-101. doi:10.1037/0003-066x.51.2.77

Nisbett, R. E. (2009). *Intelligence and how to get it.* New York, NY: W. W. Norton.

Random House dictionary of the English language (Unabriadged ed.). (1996). New York, NY: Random House.

Rosenthal, R. (1990). How are we doing in soft psychology? *American Psychologist, 45,* 775-777. doi:10.1016/0160-2896(94)90056-6

Rosenthal, R., & Rosnow, R. L. (1975). *The volunteer subject.* New York, NY: Wiley.

Rosenthal, R., & Rosnow, R. L. (2009). *Artifacts in behavioral research.* New York, NY: Oxford University Press.

Rosnow, R. L., Skleder, A. A., Jaeger, M. E., & Rind, B. (1994). Intelligence and the epistemics of interpersonal acumen: Testing some implications of Gardner's theory. *Intelligence, 19,* 93-116.

Siegler, R. S., & Richards, D. D. (1982). The development of intelligence. In R. J. Sternberg (Ed.), *Handbook of human intelligence* (pp. 897-971). New York, NY: Cambridge University Press.

Spearman, C. (1927). *The abilities of man.* New York, NY: Macmillan.

Sternberg, R. J. (1985). *Beyond IQ: A triarchic theory of human intelligence.* New York, NY: Cambridge University Press.

Sternberg, R. J. (1988). *The triarchic mind: A new theory of human intelligence.* New York, NY: Viking.

Sternberg, R. J. (1990). *Metaphors of mind: A new theory of human intelligence.* New York, NY: Cambridge University Press.

Sternberg, R. J. (1992). Ability tests, measurements, and markets. *Journal of Educational Psychology, 84,* 134-140. doi:10.1037/0022-0663.84.2.134

Sternberg, R. J. (1997). The concept of intelligence and its role in lifelong learning and success. *American Psychologist, 52,* 1030-1037. doi:10.1037/0003-066x.52.10.1030

Sternberg, R. J., Torff, B., & Grigorenko, E. L. (1998). Teaching triarchically improves school

不止一个版次（3.4.1）。

超过6个共同作者（3.4.18）。

4个共同作者（3.4.17）。

同一作者的多个相关研究按日期排列。

无作者与编者（3.4.31）。

所有的参考文献格式上均悬挂缩进。

doi码后面没有句点（3.4）。

achievement. *Journal of Educational Psychology, 90,* 374-384. doi:10.1037/0022-0663.90.3.374

Sternberg, R. J., Wagner, R. K., Williams, W. M., & Horvath, J. A. (1995). Testing common sense. *American Psychologist, 50,* 912-927. doi:10.1037/0003-066x.50.11.912

Walter, J. M., & Gardner, H. (1986). The theory of multiple intelligences: Some issues and answers. In R. J. Sternberg & R. K. Wagner (Eds.), *Practical intelligence: Nature and origins of competence in the everyday world* (pp. 163-181). New York, NY: Cambridge University Press.

Wesman, A. G. (1968). Intelligent testing. *American Psychologist,23,*267-274. doi:10.1037/h0026192

表明引用
的章节
（3.4.19）。

脚注要另起一页。

THE CONCEPT OF INTELLIGENCE　　　　　　　　　　　　17

Footnotes

[1]*IQ* stands for "intelligence quotient," which goes back to how intelligence was first defined as the mental age (measured by the IQ test) divided by chronological age, and multiplied by 100. For example, a 10-year-old with a tested mental age of an 11-year-old would have an IQ of (11/10)100=110. Nisbett (2009) noted that "modern IQ tests arbitrarily define the mean of the population of a given age as being 100 and force the distribution around that mean to have a particular standard deviation" (p. 5).

[2]It can be noted, though, that finding a predictor variable that accounts for approximately one quarter of the variance (i.e., an effect size correlation of around .5) is not unimpressive in psychological research (Rosenthal, 1990). However, Sternberg et al.'s (1995) point that conceptual and psychometric limits exist in the traditional model of intelligence is well taken and supportive of the argument that intelligence consists of "various, relatively independent, abilities" (Gilbert, 1971,p. 129).

[3]I chose the word multiplex because all these theories of multiple intelligence reminded me of a movie theater in which different films are playing to different audiences in auditoriums that are all clearly separated from one another and yet are housed in the same building. The first definition of *multiplex* in the Random House Dictionary of the *English Language* (1966) is "manifold; multiple" (p. 940).

使用脚注
时要适量
（8.8）。

脚注是文章
结尾材料的
一部分(8.2)。

表格另起一页。

Table 1

Howard Gardner's Original Seven Types of Intelligence

列标题说明表
中的内容。

Name	Defining characteristic
Logical–mathematical intelligence	Reasoning and computational skills (e.g., correlated with the SAT)
Linguistic intelligence	Adept with words and language (e.g., multilingual people, writers)
Spatial intelligence	Ability to perceive and steer through the spatial world with ease (e.g., navigators, architects, sculptors)
Bodily–kinesthetic intelligence	Skills carrying and moving one's body (e.g., dancers, athletes, neurosurgeons)
Musical intelligence	Ability to discern themes in music, sensitive to qualities of melody such as pitch, rhythm, and timbre (e.g., musicians, composers)
Intrapersonal intelligence	Adept at self–understanding (i.e., people who have a sense of their own abilities, aspirations, and limitations)
Interpersonal intelligence	Adept at reading other people's intentions and actions (i.e., "people persons")

Note. Gardner (1983) characterized intrapersonal and interpersonal intelligence as the "personal intelligences," or the talent to detect various shades of meaning in the emotions, intentions, and behavior of oneself (intrapersonal intelligence) and of others (interpersonal intelligence).

注解要左对
齐，没有段
落间距。

THE CONCEPT OF INTELLIGENCE   19

Figure 1. Two curves representing a theoretical normal distribution of IQ scores in the general population(Y) and a theoretical normal distribution of IQ scores among volunteer subjects(X).From *The Volunteer Subject*(p. 128) by T. Rosenthal and R. L. Rosnow, 1975, New York, NY: Wiley. Copyright by the authors. Reprinted with permission of R. Rosenthal (personal communication, April 10, 2010)

图表格式
（8.9）。

从其他地方引
用的表或图需
要注明原所有
者的版权声明。

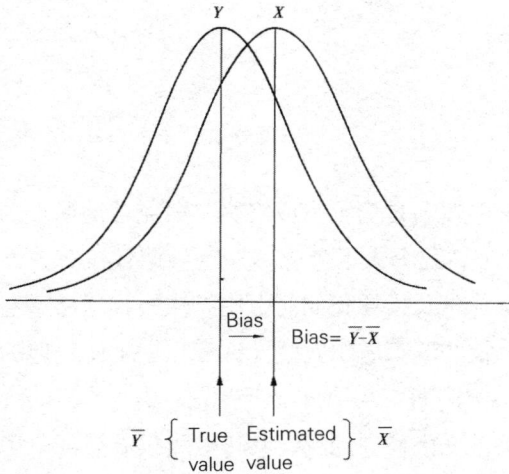

（约翰·史密斯的综述型论文的中文翻译）

智力概念 1

有争议的智力概念：两种不同的理论取向

约翰·史密斯

（学校名称）

这篇综述论文的撰写是为了完成安妮·斯克兰德博士的课程要求（心理学 222）。我个人十分感谢斯克兰德教授有关方差比例作为效应量的解释，及指导我如何引用脚注；我同样感谢就职于加州大学滨河分校的罗森塔尔教授允许我在表 1 使用他的图表（R. 罗森塔尔，人际沟通，2010 年 4 月 10 日）。

如果出现有关论文的任何问题，我可以提供有效的电子邮箱地址或其他的联系方式。

（上交论文的日期）

智力概念　　　　　　　　　　　　　　　　　　　　　2

摘　要

　　尽管智力的研究在心理和教育研究上已有很长的历史，但智力的概念仍然是最令人费解的概念之一。根据查尔斯·斯皮尔曼心理测量学的工作，很多心理和教育的研究者认为智力是以一般智力因素为中心的，即把一般特性（*g*）作为每个有效智力测验的核心。最近，主要的研究者诸如霍华德·加德纳、罗伯特·J.斯腾伯格和斯蒂芬·J.西希，提出智力存在不同方面，而不单单是以一般智力因素为中心。这篇综述的目的就是考察两种不同的理论取向，尽管加德纳的多元智力理论是目前主要的代表性研究，我在本文中也讨论了有关次理论的批评意见和不同观点。最后这篇文章以简要概括和评述结尾。

有争议的智力概念：两种不同的理论取向

俗话说"改的越多，留下的也越多"，这种情况也适用于智力概念的发展。传统上，智力包括"抽象推理能力、问题解决能力、知识掌握能力，并且很多研究智力的专家认为"记忆、思考速度也是智力的一部分"（Nisbett，2009，p.4）。然而有一些专家认为智力测验在总体上忽略了一些其他的"智力"（e.g.Gardner，1983；Sternberg，1985）。在我们的课程学习中所使用的参考书则认为"所有的定义智力主要概念的方法都在智力涵括内容的方面存在大量的争议"（Kaplan & Saccuzzo，2009，p.230）。现如今专家学者们对智力结构的理解已经有了较大的转变，但对智力概念本身还是有着较多的争议。

这篇综述的目的是探讨两种关于智力内涵的理论。一种是经典理论，认为一般特质（g 因素）是一切智力因素的核心。而现代观点则认为，智力是多元化的，g 因素并不是智力的核心。我们从探讨代表两种观点的智力测验开始，先阐述智力的 g 因素观，然后会更多地阐述现代观点（多元智力说），我阐述的重点在于霍华德·加德纳对多元智力观做出的开创性工作。在阐述了多元智力观的核心内容后，我会对各学科之间对智力内涵的争论做出一个趋势预测。

智力概念   **4**

智力评估的两个问题

在讨论两种主要分歧观点之前，非常值得注意的是在某种程度上，智力评估存在问题。问题之一是吉尔伯特（Gilbert，1971）曾经提到的"因为人类本身是复杂的，观察或测量智力不是简单的事情"（p.129）。他给出了以下的例子：

例如观察一名橄榄球明星乔治。这是一个星期五的下午，社会研究课的最后。琼斯老师正在讲解他喜欢的课题，"废弃的选举学院：或者它是么？"乔治却想着明天的比赛。当琼斯先生问道："乔治，你是怎样认为的？"乔治差点说"传到右边"，但是他的意识已回到现实中，因此含含糊糊地给出了一个回答 (p.129)。

正如吉尔伯特（1971）所言，一些不十分了解乔治的人会从他含糊的回答中得出结论：乔治并不十分聪明或积极。但事实上，乔治是非常聪明和积极的，他的动机和智力全部消耗在了明天他作为四分卫的橄榄球比赛上，而不是选举学院上。乔治正在思考他的场上比赛……因此，他对老师的回答就是"传到右边"。因此，吉尔伯特（1971）指出"观察与测量智力均非易事"（p.129）。第二个评估智力的基本问题涉及智力测试标准以及这个标准在人群之中受认可的程度和普遍性。这些标准被用来决定一个人的智力表现相对于一般人的智力表现而言的主要不足之处展现在哪一方面。假设一个预算有限的研究人员为一项新的学术智商测试开发了一组智力测试题目。为了建立相应人群的智商常模，研究人员呼吁志愿者参加测试。然而，人们发现，自愿参加研究的人可能并不完全代表一般人群，"经常会有一些相关的重要报告表明，志愿者极有可能比一般人群更聪明 (因为志愿者得分更高)"（Rosenthal & Rosnow，2009，p. 727）。

上述观点的证据如表 1 中 (在论文结尾处) 显示：造成人群智力水平测试结果偏高的原因大约是因为使用的是志愿者样本，而不是从全国的数据中选择的随机样本。分布中 X 代表在研究者的智力测试中志愿者的 IQ 值的理论正态分布，Y 代表一般总体的理论正态分布。X 平均值的范围与 Y 平均值的范围的差异表明：这种偏差影响了志愿者标准化的总体常模。另一种情况是，使用志愿者可能导致对总体参数的低估，但是这种情况下表 1 表明：仅对新测试中的志愿者标准化可能产生相对一般总体的标准分数的估计过高。

传统理论取向

早期贡献者

我现在开始阐述经典智力观，它常被称为 g 因素观。早期的智力测试运动始于英国的弗朗西斯·高尔顿和美国的詹姆斯·卡特尔在研究中采用的测量方法，通过收集和分析研究数据，他们提出感觉的输入和反应时是智力差异最基本的表现（Gilbert,1971）。目标是预测学生的学校表现，即为"理论上，智力的高低取决于感知觉速度。因此，感知觉测试能显著地反映个体智力的差异"（Gilbert,1971,p.130）。高尔顿（Galton）提出了相关系数的概念，统计学家卡尔·皮尔逊（Karl Pearson）则对这个概念进行了数学上的定义。相关系数研究发展的一个副产品是用于早期的智力测试，虽然测试结果表明个体的智力分析与学校表现没有很强的相关性。法国的阿尔弗雷德·比奈（Alfred Binet）和亨利·西蒙（Henri Simon）发明了最早的纸笔智力测试，其主要目的是用来帮助诊断智力发育迟缓的存在（Gilbert, 1971,p.130）。吉尔伯特注意到，尽管"智力测试起源于欧洲至少两次的独立运动中，但是智力测试最伟大的发展是'在美国制造的'"（Gilbert, 1971, p.130）。早期的比内测试方法是由亨利·戈达德推广到美国来的，但是由刘易斯·推孟在 1916 年修订使用的（1937 年重新修订），斯坦福 - 比内量表被更广泛地采用了。1939 年，大卫·韦克斯勒在纽约的 Bellevue 医院发展了一套针对年轻人的智力测试，于 1955 年被重新修订，被称为韦克斯勒青年智力量表，或者叫 WAIS（Kaplan & Saccuzzo, 2005）。

以一般因素为中心的观点

受到查尔斯·斯皮尔曼（Charles Spearman, 1927）和他所强调的心理统计的影响，许多人将智力看做一般因素（g），在智

智力概念　　　　　　　　　　　　　　　　　　　　　6

力测试运动中，心理和教育研究者广泛接受了以一般智力为中心的观点。许多优秀的研究者，如亚瑟·詹森（Arthur Jensen，1969），认为一般智力上的差异很大程度上取决于遗传而不是环境或文化的影响。儿童发展研究者受到皮亚杰理论和对思维一般结构所进行的研究经验的影响，认为所有儿童的思维结构都是以类似的方式发展的（Siegler & Richards，1982）。在20世纪90年代，赫恩斯坦和默里（Herrnstein and Murray，1994），对一本名为《钟形曲线》的书中IQ测验数据的再度分析的争议，激起了关于在个体生活和更大的社会秩序中一般智力因素的角色的热烈争论。

　　最近，弗雷和迪特曼（Frey and Detterman，2004）认为，学术评估测验（SAT）基本上可以替代一般智力因素的测验用来预测认知功能。在一项研究中，这些研究者从《军事机构职业能力测验》中抽取了一个一般智力的测量，发现其与SAT分数相关的 $r=0.82$（或者0.86由非线性的纠正得到），这是从全国概率数据中14~21岁的917个被试样本中得出的。在第二个研究中，他们使用了104个本科学生做样本，他们是从心理学课集体招募而来，目的是考查SAT分数和另一个测验之间的相关关系，叫做瑞文式渐进矩形测验（Raven's Progressive Matrices，一种推断技巧测验），发现 $r=0.483$（或0.72的回归残差）。斯蒂芬·J.西希（Stephen J.Ceci，1996）是智力多元化的最新倡导者，认为传统的理论取向应该减少到"五个简单的方面……这是所有智力研究人员所知道的"（p.4）。这些方面包括：（a）几乎所有的人在不同的智力测验上都倾向于得到相对一致的分数；（b）采用名为因素分析的统计技术，获得智力的一个主要组成部分（叫做 g），它反映了大部分测验的平均相关，相关程度一般在0.30左右；（c）g 代

表一般智力；（d）一般智力与学术和社会成就之间有惊人的高相关；（e）智力在很大程度上是遗传的。

在罗列了"五个简单的方面"之后，西希对每个负面的理论内涵论证，认为对于每个方面存在一个替代的理论模型。"智力是多方面的能力"，西希（Ceci, 1996）认为，"智力的某些方面可能受到生理、社会、文化及历史等客观因素不同程度的影响。"（p.8）近来尼斯贝特（Nisbett, 2009）则提出按照经典智力理论"智力受到环境的高度影响"，同时尼斯贝特又认为"个体的智商和其学业成就、职业成就的高低取决于环境而与遗传无关"。但另一个争论的焦点则是无论 g 因素是否受到先天或教养的影响，它本身是否能概括智力的复杂性与多样性。虽然，关于智力内涵的争论和有关智力与真实能力的关系的争论如出一辙，但是心理学家们至少会认同西希所提出的"五个简单方面"之类的观点，虽然这些观点也饱受质疑（Neisser et al., 1966）。

多重理论取向

在 1980、1990 年代，智力的多元因素观对许多杰出的心理学家来说是一个让人振奋的新的研究方向。罗伯特·斯腾伯格（Robert Sternberg, 1990）论证，由标准智力测试测量的信息加工的本质与每天日常生活中所包含的某些复杂推理是不同的。例如，西希和莱克尔（Ceci and Liker, 1986）发现，从韦克斯勒智力量表（WAIS）得分不能预测赛马的技能。斯腾伯格、瓦格纳、威廉姆斯和霍瓦特（Sternberg, Wagner, William and Horvath, 1995）认为："即使是最粗略估计出的智力测试分数与日常标准，诸如工作表现之间的关系，日常标准变异也约有 3/4 不能通过智力测试解释。"（p.912）[2]

智力概念 8

　　因此，斯滕伯格的观点更进一步地支持了"智力包括多种相对独立的能力"的观点（Gilbert, 1971, p.129）。斯腾伯格（Sternberg, 1985）的三重理论和西希（Ceci, 1996）的生态生物学理论作为这种令人振奋的理论研究新方向的代表理论出现。该方向称作"多重理论"研究取向，因为它包含几种不同的智力类型。[3] 这种取向的另一主要的例子在本篇综述的后半部分，即由加德纳（Howard Gardner, 1983）提出的多元智力理论。

加德纳的多元智力理论

智力天赋的八种标准

　　加德纳（Gardner, 1983）反对单一的智力特征的假设，使用术语"智力"（复数的）来表达多种智力倾向。加德纳（Gardner, 1983）对智力的一般定义是它包含"解决问题的能力，或在一种或多种文化背景下创造新产品的能力"（p.x）。他继续强调不是每个日常生活的技能都被认为是一种"智力"标签，被认为是智力的天赋都应该满足以下八条标准：

　　1. 具有因脑部损伤而变化，从而可被单独分离出来的潜在可能性。

　　2. 特殊的人群（某方面智力异常突出的人）显露出显著的但是不均衡的能力，这应该显示出智力的特殊类型的独特存在。

　　3. 有一种可看做可识别的核心操作，即基本的信息处理操作，对于特殊能力，这是独一无二的。

　　4. 有一种特殊的发展历史，即会因个体的经历和获得的专业知识水平不同而导致差异。

　　5. 存在于其他物种的智力，来源于祖先（更原始，较少结合个人观点描述）。

　　6. 用实验研究探讨智力，通过实证研究验证智力的预测作用。

7. 尽管能够测量所有智力能力的统一标准化测试并不存在，但标准化测试却为智力研究提供了依据，根据测试结果能够预测个体完成某些任务的表现。

8. 可通过语言或舞蹈动作等符号系统地获得智力信息内容。

智力的七种类型

以列出的八条标准为基础，加德纳论证研究了正常智力范围的人，并证实了正常智力范围的重要性（Gardner，1993a）。他又强调对选择性脑损伤病人智力研究的重要意义。凭借以上八条标准和主要学科的研究结果（即心理学、社会学、人类学和生物学），加德纳提出七种智力类型：（a）数理 – 逻辑；（b）语言的；（c）空间的；（d）身体运动；（e）音乐的；（f）内省的；（g）人际之间的。随后他又提出其他可能的智力类型（Gardner，1999），但是本篇综述是集中探讨他最初的七种智力类型。

在表1第2列提到的例子列举了加德纳的部分研究工作，同时也验证了我提出的部分假设。传统智力，是以语言为基础，易通过传统测量方式进行量化，包括"逻辑数理智力"和"语言智力"。加德纳解释道：在逻辑数理智力上得分高的人擅长推理和计算。大致上，弗雷和迪特曼（Frey and Detterman，2004）也从与 SAT 测验相关的测试中发现有敏锐语言技巧的人善于单词积累和语言交流。在使用加德纳（1983）的人际智力观点作为一系列实证研究的核心观点后，心理学家们发现若想评估人际智力的发展，可能要通过那些我们每天经历的、体现着个人认知复杂性的多种活动来实现（Rosnow，Skleder，Jaeger，& Rind，1994）。

能力的独立

加德纳理论的关键是假设各种智力的"天赋"并非一定要联系在一起。一些人可能在某些领域表现得很差（如逻辑数理智

智力概念　　　　　　　　　　　　　　　　　　　　　10

力），而在另一些方面却表现得很好（如空间智力）。这种差异易让人联想到聪明而不知常识的科学家们，这样的人可能找不到停车场里的车，却能描述出原子，或是汽车错综复杂的细节。根据加德纳的理论，不同的智力可以共存，但也可完全独立于另一种智力。然而他强调，因为在社会中，我们主要评估逻辑数理和语言智力，因此各智力测试较多集中于测量这些智力才能，而忽视了其他智力评估（Gardner，1999）。

换句话说，加德纳认为智力测试的本质是测量传统智力，因此智力测试存在很小差异，仅在测量方式上略有不同。因此，斯皮尔曼（Spearman，1927）发现某种能力（指一般能力）之间中等相关就易理解，所以在语言智力上高的个体也倾向于在推理能力上高于平均值。根据他的解释，了解某人的语言智力，并不能指示其是否有良好的与人交往或音乐的技能，具备其他领域的智力能力。从生活中也能看出能力的独立性。尽管智力测试能够很好地预测学校成绩，但是预测校外环境中的成功并不成功。例如，很多人虽然在传统智力上表现出低水平，优秀的管理技巧却与自我管理和管理他人的能力相关，或者与解释其他人行为或动机的能力有关，与标准智力测试上高的得分或是学术智力能力则无关（Aditya & House，2002；Sternberg，1988）。斯腾伯格（Sternberg，1988，p.211）描述这些课外的技巧为"实践的智力"（与学术智力相区别），这种实践智力看起来更多地基于加德纳提出的"个人智力"。

一些批评和反面意见

非传统取向

一些对多重智力理论的批评针对天生能力和传统意义上的天赋表现间的区分（Walter & Gardner，1986）。埃里克森和查尼斯

智力概念   11

（Ericsson and Charness，1944）认为，熟练的表现并不能反映出天生的能力，但是显著地受到生理适应和复杂技巧的调节。加德纳（Gardner，1995）回答道，儿童并非与生俱来具有某种能力，而是如果儿童开始在某个领域内找到技巧并表现自如，这就会鼓励他/她坚持不懈地努力。加德纳认为，通常多数人不会把表现技巧看做"智力"，这一点在争论中只是转移了注意力，这其实反映了对传统的智力理论观点的坚持。斯腾伯格（Sternberg，1990）认为，如果一个人经历一场事故后导致身体运动能力的丧失不会被认为是"智力迟滞"。

简而言之，加德纳提出要同时考虑不同形式的智力。在西方文化中主要评估逻辑数理和语言智力（Walters & Gardner，1986）。正如他提出的，"当反复测量某种已被密集研究的心理变量，即心理测量的智力或一般智力时，几乎没有证据显示，纯由练习（无论是有心的还是无意的）会导致测量得分产生巨大差异（Gardner，1995，p.802）。

也许是因为专家已经把一般智力和"学术智力"看得比个人智力更重要，像"社会性迟滞"这种术语是不常见的。然而，社会大众开始关注个人智力和不同环境下的行为之间的相互作用，例如预测成就或是在组织中行政职位方面的成功 (e.g.，Aditya & House，2002）。

结构及其操作和评估的验证

对多元智力理论的另一种批评是鉴于他们表面上无定论的特性，会因此出现智力数量无限增加的可能性。正如上文所说，加德纳自己提出超过七种智力的可能性，并认为原始的七种"工作假设"在未来的调查中是完全有可能被修改的（Walters & Gardner，1986）。例如，加德纳（Gardner，1999）提到的查尔斯·达

智力概念　　　　　　　　　　　　　　　　　　　　　　12

尔文的"自然主义智力"和后现代哲学家的"存在主义的智力"。在此观点下，有人可能想知道它们是否会减少到一般智力类型，这种想法暗示了返回到一种（像斯皮尔曼的）一般的因素（特殊因素）的可能。

　　然而，这种批评的合理性取决于人们是否认同智力概念应比现在包含更多种的人类天赋。

　　也有人认为，标准的测量方法与加德纳的多重智力理论有不同的优势，这种优势更多体现在测试和测量上。另一方面，加德纳争论这七种智力是可以测量的，但是传统智力的预测作用却是不充分的。他提出，测量方法与人们的日常生活是密切相关的。例如，在应用他的教育理论时，加德纳（Gardner，1991）报告，可以通过研究学校的作文、运动活动的选择以及行为和认知过程的其他方面评估儿童的智力。尽管这种方法比旧的方法在某种程度上更复杂和耗时，但以加德纳的理论观点看，这种测量是必要的。

结　论

　　通常说来，有些人"善于读书"，这相当于经典观点（ g 因素观）所说的学术型，有些人"长袖善舞"，他们非常善于处理现实关系，这是智力的另一种类型。在理论上，还会有一些其他类型的智力，比如有些人有商业天赋或政治天赋或了解他人的天赋。现阶段的研究表明，智力包括人际交往天赋，但这种特质无法用传统的智力测量工具进行测量。在本文中，我通过着重阐述经典观点（ g 因素观）与多元智力观（加德纳的理论）的比较来突出多元智力观的主旨。上述两种观点联系紧密且仍在发展，并且在智力研究领域均有赞同者与反对者，而且相当数量的争议已经写入了百科

全书中（*Encyclopedia of Human Intelligence*, 1994）。加德纳的理论
包含了一些传统智力的部分，同时尝试让智力概念超出传统的界
限。例如，加德纳描述一位优秀的舞者具有运动智力，而斯皮尔
曼却认为他所提及的这种技巧并非智力的一部分。加德纳的理论
比传统智力理论影响更广泛，这被一些人认为是有问题的，因为
理论影响越广泛，反证就越困难。然而，我倾向于智力概念的学
术定义内涵会越来越宽泛，正如斯腾伯格（Sternberg, 1997）所
概括的，人们会形成各种必要的心智能力以适应他们的环境。

　　伴随这种宽泛化的理论趋向，研究者已经探索出评估和促
进技巧的方法，这些方法在过去可能被忽略或被认为对于学术智
力是没有意义的（e.g., Aditya & House, 2002; Gardner, 1991b;
Gardner, Kornhaber & Wake, 1996; Sternberg, Torff & Grigorenko,
1998）。另一种智力研究的取向是由阿纳塔斯和尤毕那（Anastasi
& Urbina, 1997）所提出的。他们认为在发展心理学领域，研究
者已经发现"在人格变量上的婴儿行为的评估与随后的认知发
展之间有一种实质性的相关"；也发现"婴儿的环境掌握动机
对随后的智力能力测量有促进作用（p.302）。这种挑战仍然存
在，它不仅帮助我们理解晦涩难懂的智力概念，而且正如韦斯曼
（Wesman, 1968）所指出的，有助于发展该话题创新的智力测试
方法（p.267）。发展一种创新性的智力测试的方法是很重要的，
无论它是多么复杂和困难，可以用它来测量智力能力的不同方面
（Gardner et al., 1996; Neisseret al., 1996; Sternberg,, 1992）。
最重要的是，要认识到智力"是一种总的生活经验的结果"
（Gardner, Gilbert, 1971, p.135）。

（参考文献部分第 14—16 页与原稿同，略）

智力概念 17

脚 注

1 IQ 最早代表的是智力商数，最初介绍它时，我们把它定义为心理年龄与生理年龄的比率（IQ 测出来的）。比如，10 岁个体所测得的思维年龄为 11 岁，那么其智商为 110。尼斯贝特（Nisbett, 2009）提出"现代智力测试在主观上把人群的平均智商定为 100，然后再去使用对应的标准差变化来考察人群智商分布情况。"

2 正如在课程中所教的，所有的观察和心理测量方法在某种程度上都是受限制的，使用多重观察或归零的方法在感兴趣的概念上通常是非常有用的（如智力在这种情况下）。

3 值得注意的是，尽管发现了一个预测变量能解释大约四分之一的变异（即效应大小相关为 0.5），这在心理学研究上并不平常（Rosenthal, 1990）。在生物医学领域的实验试验中也记录了很多重要的影响，它们的相关性都小于 0.5（Rosenthal & Rosnow, 2008, pp.325–326）。然而，斯腾伯格等人（Sternberg et al., 1995）指出，概念性的和心理测量的限制存在于传统的智力模型中，智力是由"各种各样的、相对独立的能力组成"这个争论得到了很好的实施和支持（Gilbert, 1971, p.129）。

智力概念 18

表 1
哈沃德·加德纳的七智力因素模型

名　称	定　义
逻辑 – 数学智力	推理与计算能力（e.g. 与 SAT 分数有关）
言语智力	是否擅长写作与语言学习（e.g. 掌握多个语言的个体，作家）
空间智力	是否擅长对空间的感知与定位（e.g. 海员、建筑工人、雕刻家）
身体 – 运动智力	对自己身体的控制能力（e.g. 舞者、运动员、神经外科医生）
音乐智力	对音乐中的内涵以及音高、节奏和音色的感知能力（e.g. 音乐家、作曲家）
内省智力	自我觉察的能力（i.e. 对自身的能力、目标和缺点都十分了解的个体）
人际智力	对他人的行为和目的都能轻易了解的能力（i.e. 擅长人际交往的人）

　　注释：加德纳（1983）认为内在智力与外在智力共同组成个体智力，或者可以认为智力是可以觉察到自己（内在智力）或他人（外在智力）的情感、动机或行为倾向的能力。

智力概念　　　　　　　　　　　　　　　　　　　　　19

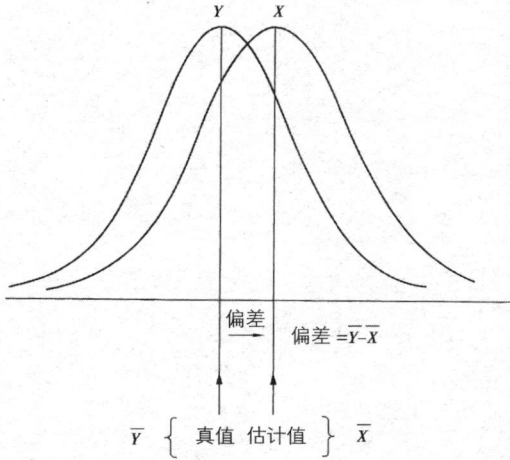

图 1

　　两条曲线分别代表一般总体的理论正态分布（Y）和志愿者的理论正态分布（X）。来自 *The Volunteer Subjects*（p.128），Rosenthal and R.L.Rosnow，1975，New York；NY: Wiley。版权归作者所有，未经允许，不得翻印。

第9版译者后记 |

　　《如何写作规范的论文》（原书第9版）是第8版（中译名为《心理学论文写作——基于APA格式的指导手册》）的升级。

　　阅读完第9版原著，我感觉本书更加适合心理学专业学生阅读，该书在写作案例分析、文献资料查阅和论文数据提供等方面进行了更新和补充。

　　自2010年翻译第8版，出版至今已经历九年。在这九年期间，我一直采用此书作为给本科生开设的"心理学论文写作"的研究性课程的主要参考书，学生们获益匪浅。2012年12月，我们学校成立了心理学院，虽然行政工作占去了我大量的科研时间，但是我一直坚持在本科阶段开设这门课。并且在我的倡议之下，我们心理学院创新实施了本硕博贯通式教学模式改革，同时还探索实施了双导师制，大学新生一入校，就让他们跟随学术型导师参与科学研究、学习论文写作。四年过去了，这种管理方式收获了丰硕的成果，其中之一就是显著提高了本硕博学生的创新科研能力：心理学院的学生们获批了多项国家级"大创"项目，赢得挑战杯奖多项，多名推免生在硕士研究生复试中被985院校录取，特别值得强调的是他们还发表了多篇 SCI 论文。这些成果，我认为很大程度上是得益于从本科开始就正规学习和应用这本书，当学生面临复试、撰写与修改论文、张贴海报等问题时，他们都能够游刃有余、中规中矩。因此，接到重庆大学出版社编辑继续翻译此书升级版的邀请，我欣然接受。我非常乐意继续翻译第 9 版，以便让更多的同学和论文作者们从中受益。

感谢重庆大学出版社各位编辑的认真工作，没有他们的努力，就不会有这本译书的顺利出版。此外，还要感谢我的博士生和硕士生：张靖宇、王薇薇、于腾旭等，他们参与了此书的术语查找、校对工作，张靖宇又协助我参与了审校和排版等工作，他们与我共同讨论问题，给了我不少启发和帮助。

本书最后由我审校、统稿和定稿。虽已尽力，但书中内容定有尚待商榷之处，恳请读者予以批评指正！

希望广大心理学专业师生和科研工作者喜爱此书！

刘　文

2018 年教师节，于大连万客园

图书在版编目（CIP）数据

如何写作规范的论文：原书第9版/（美）拉尔夫·
罗斯诺 (Ralph Rosnow)，（美）米米·罗斯诺
(Mimi Rosnow) 著；刘文译. -- 重庆：重庆大学出版
社，2020.2（2024.1重印）
（万卷方法）
书名原文：Writing Papers in Psychology
ISBN 978-7-5689-1935-7

Ⅰ．①如… Ⅱ．①拉…②米…③刘… Ⅲ．①论文—
写作 Ⅳ．①H052

中国版本图书馆CIP数据核字（2019）第297417号

如何写作规范的论文（原书第9版）

［美］拉尔夫·罗斯诺（Ralph Rosnow）
［美］米米·罗斯诺（Mimi Rosnow）　著
刘 文 译
策划编辑：林佳木
责任编辑：唐启秀　唐笑水　　版式设计：张　晗
责任校对：谢　芳　　　　　责任印制：张　策

*

重庆大学出版社出版发行
出版人：陈晓阳
社址：重庆市沙坪坝区大学城西路21号
邮编：401331
电话：（023）88617190　88617185（中小学）
传真：（023）88617186　88617166
网址：http://www.cqup.com.cn
邮箱：fxk@cqup.com.cn（营销中心）
全国新华书店经销
重庆华林天美印务有限公司印刷

*

开本：940mm×1360mm　1/32　印张：7.75　字数：233千
2020年2月 第1版　　2024年1月第2次印刷
ISBN 978-7-5689-1935-7　　定价：36.00元

版贸核渝字〔2023〕第 116 号